說文解字研究法

馬敘倫 著

貴州出版集團
貴州人民出版社

圖書在版編目（CIP）數據

說文解字研究法 / 馬敘倫著 . -- 貴陽 : 貴州人民出版社 , 2024. 9. -- ISBN 978-7-221-18635-5

Ⅰ . H161

中國國家版本館 CIP 數據核字第 2024ZU7249 號

說文解字研究法

馬敘倫　著

出 版 人	朱文迅
責任編輯	辜　亞
裝幀設計	采薇閣
責任印製	衆信科技

出版發行	貴州出版集團　貴州人民出版社
地　　址	貴陽市觀山湖區中天會展城會展東路 SOHO 辦公區 A 座
印　　刷	三河市金兆印刷裝訂有限公司
版　　次	2024 年 9 月第 1 版
印　　次	2024 年 9 月第 1 次印刷
開　　本	710 毫米 ×1000 毫米 1/16
印　　張	16.5
字　　數	99 千字
書　　號	ISBN 978-7-221-18635-5
定　　價	88.00 元

出版説明

《近代學術著作叢刊》選取近代學人學術著作共九十種，編例如次：

一、本叢刊遴選之近代學人均屬于晚清民國時期，卒于一九一二年以後，一九七五年之前。

二、本叢刊遴選之近代學術著作涵蓋哲學、語言文字學、文學、史學、政治學、社會學、目録學、藝術學、法學、生物學、建築學、地理學等，在相關學術領域均具有代表性，在學術研究方法上體現了新舊交融的時代特色。

三、本叢刊遴選之近代學術著作的文獻形態包括傳統古籍與現代排印本，爲避免重新排印時出錯，本叢刊據原本原貌影印出版。原書字體字號、排版格式均未作大的改變，原書之序跋、附注皆予保留。

四、本叢刊爲每種著作編排現代目録，保留原書頁碼。

五、少數學術著作原書内容有些許破損之處，編者以不改變版本内容爲前提，稍加修補，難以修復之處保留原貌。

六、原版書中個別錯訛之處，皆照原樣影印，未作修改。

由于叢刊規模較大，不足之處，懇請讀者不吝指正。

說文解字研究法 目錄

說文解字研究法

馬叙倫著

商務印書館發行

說文解字研究法目錄

說文籀文

說文奇字

說文或字

說文俗字

說文今字

說文正文重文異字

說文重出字

說文異部重文

說文𪊽字之誤

說文初文

古書通用同聲假借之字說文有其本字或流俗用字說文有其本字

說文象形字說解誤爲指事會意形聲

說文指事之文

說文指事兼聲字

說文指事字說解誤爲象形會意形聲

說文會意之文

說文會意兼聲字

說文形聲之字

說文省聲

說文形聲字一字二聲

說文形聲字誤爲會意

說文轉注之字

說文假借之字

說文作者事蹟
說文書目

說文解字研究法目錄竟

說文解字研究法十七年重定本

許慎所為說文解字。鄭玄應劭皆已引用。誠識字之津梁。籀書之祈鄉也。治其書者。自徐鉉徐鍇以下。無慮百家。皆欲為其社稷之臣。然段玉裁王筠以前。雖顧炎武之耑覈。不免粗略穿鑿之嫌。段王及嚴可均諸人出。而後理董有敘。雖各有瑕癖。而庶為專業。所憾清代治此書者夥而且勤。而於六書大法。人自為說。墉臬既失。銓稱無當。是以談言微中。頗有可觀。至論大齊。自招彈射。倫生也晚。未接君子。閉門研討。敝帚自富。謬欲彙前人所發明。紓管蠡之窺測。自余經始。勒定鴻裁。乃疊歲以來。劬勤國難。既奪其時。綢繆事育。復攖其懷。僅以餘閒。奮心尋檢。星紀一周。丹黃欲滿。迻諸別錄。彌尚須時。惟在前歲。就北京師范大學之聘。以許書教授國文研究科學者。尒時。講論之暇。為設問題。令其繹治。學者之中。既多俊彥。程材効智。卓有可傳。至如廣東劉秀生為說文讀若疏證。湖北丁致聘為說文書法釋例。張楚為說文一曰考。均能偅蹟前修。匡持來學。余亦嬰媆。彌加致意。誦讀所獲。疑憚益多。遂欲舉諸問耑。與同好者共求之。茲來廣州。白事政府。傳遽有暇。略附說明。行匧無書。徒恃追憶。徵据既微。謬論自眾。中華民國十五年九月。杭縣馬敘倫。

說文解字古本　後皆從習簡偁說文

三豖之譌。傳於周季。校讎成略。自漢以然。許書在唐以前。附諸縑紙。傳寫易譌。既多先譣。及琱於木。始在宋初。尒時。徐鉉承詔校定。其言以集書正副本及羣臣家藏者僃加詳考。有許慎注義序例中所載。而諸部不見者。審知漏落。悉從補錄。然陸德明經典釋文李善文選注玄應慧琳希麟一切經音義引錄致多。其他如玉篇切韻凡宋以前羣籍所偁舉者。亦每與今傳鉉鍇二本顯有違殊茲損戴侗六書故所引唐本蜀本莫友芝所得唐寫本木部殘卷。亦多異錄。豈皆鉉校所棄。抑或所見有遺。且鉉鍇同衷。二本復多出入。鍇固先亡。今觀鍇本有聲字者。鉉本每無。則為鉉校所刊落也。鉉知不及鍇。復闇於音理。所刊落者。率多專謬。以一例餘。其所校定。殆未足據矣。是以學者欲治許書。必先知其本然。而宋以前舊本不可復覩。必於羣籍所徵引者求之。昔鈕樹玉錢坫嚴可均朱士端李咸沈濤各有意於其業。然如慧琳希麟之書。諸家未見。況今古失書又時出。拾遺正謬。資證者多。宜藉前人之功。成不刊之業。苟能追復本來。其於許書。亦思過半矣。

說文字數

說文後敘曰。此十四篇。五百四十部。九千三百五十三文。重一千一百六十三。凡十三萬三千四百四十一字。昔王鳴盛胡秉虔皆言今本正文重文皆有益出。胡謂說解止十二萬二千六百九十九字。則不及原數。以此證知今本有益奪。然欲一一追符原數。必啟專輒之弊。若鉤稽羣書。苟得參論。則復其可復。不嫌加削也。

說文部首次弟

許書部首。自敘偁始一終亥。據形聯系。今有部敘。皎然若有鹵理。然大徐所校定部敘與自敘部目相應。而所增翻切目錄。則重部後繼以裘老毛毳尸尺尾七部。再繼以臥身㐆衣四部。與郭忠恕汗簡夢英篆書小徐繫傳部敘同。與十五篇分部目錄次弟相違。而繫傳通釋敘目又與十五篇分部次弟同。故當依十五篇敘目邪。當有以定之矣。

說文部首亡益

許書五百四十部之數。雖與自序目錄相符。然郭忠恕夢英謂部首五百三十九字。林罕曰。偏旁五百四十一字。張美和序吳均增補復古編曰。許慎說文以五百四十二字為部。或奪或益。然則縱令自敘所傳五百四十部之數不誤。而今本五百四十部首之字。有無因有所益而後人刪之削其本有存其本無者。未可必也。今觀才字無所屬而自為部。廿入十部。而卅為部首。所屬僅世字。戴侗謂商癸卣世字直作卅。容庚謂卅世一字。余以為三十年為一世。象形指事會意之法。皆不可作字。故借卅為世。此六書之假借也。假借之字。體不改造。故古書世字亦當直作卅。今作㔺者。是由金甲文卅作凵凵㞢。少變其形而致。以凵凵㞢證之。卅與世無殊也。今世下曰。從卅而曳長之。亦取其聲也。則是指事兼聲矣。然從卅而曳長之。何以明一世之事。亦取其聲。則曳長之者。為有聲之字。段玉裁因謂即十二篇中之乀字。然篆文作世。左右皆曳長之。且亦取其聲者。許書僅於世禿兩字下見之。嚴可均謂禿從人。禾聲。說解有譌。張文虎亦謂禿下說解非許語。然則世下說解亦非許語。余意許書本無世字。卅在十部。後人習見漢隸世字作世。妄增從卅而曳長之亦取其聲之辭。而遂出卅字以為部首。此雖無塙論而致足疑也。

說文部首有當增削

部首者。所以領其所屬之字。許書才部無所屬而為首。以馬舄為例。則當入諸艸木之部矣。況才乇一字。知者。周禮媒氏。純帛無過五兩。注純。緇字也。古緇以才為聲。禮記玉藻注曰。古緇以或從糸旁才。論語子罕。麻冕禮也。今也純。孔安國改緇為純。此古才屯聲同之證。許書蠢之古文作𢦔。從𢦏。然從旾從𢦏無䖵動義。當是從䖵𢦏聲。傳寫譌䖵為旾耳。金文才字作十。甲文作屮。幣文屯字作屮。此徒有虛實之殊。申出之異。則又才屯一字之證。是才部斷可削也。史部所屬僅事字。王國維舉證史事一字甚塙。則史字當隸又部。或入聿部。史為聿之異文。入聿部為宜。而史部宜削矣。隶部所屬僅隸隸二字。隶隸音義一致。則不得比於考老為轉注異文。實古今字耳。隸訓附箸。義實同。及。雖隸從隶祟聲。可比考之於老。然隸之篆文作隸。說解曰。從古文之體。徐鉉曰。未詳古文所出。桂馥曰。本書歀或作款。則隸亦隸之別體。當有古文捝去。余謂隸即隸隸之古文。知者。隸下引詩曰。隸天之未陰雨。許自敘曰。其偁易孟氏書孔氏詩毛氏禮周官春秋左氏論語孝經。皆古文也。今許書蕢下有臾字。說解曰。古文蕢。象形。論語曰。有荷臾而過孔氏之門。譙下有誚字。說解曰。古文譙。周書曰。王亦未敢誚公。以此相證。則隸墒為古文矣。是則隸𨽿隸三字之於隶。猶鞉鞀磬之於鞀。當附於隶下。而隶從又尾。與及從又人。殆無不同。蓋亦及之異文。故及下有逮字。說解曰。亦古文及。其字從隶甚明。然則隶當入又部而隶部可削矣。稽部所屬僅𥠻𥣬二字。稽訓畱止者。止為趾之初文。若曰畱足畱步也。𥠻訓特止。猶曰獨足獨行。莊子秋水。吾以一足趻踔而行。踔即𥠻之異文。許書逴下曰。一曰。蹇也。蹇者。跛也。跛者。行不正也。跛與𡯌一字。則逴下一曰之義。字當作𥠻。而稽訓畱止𥠻訓特止。義皆得於尢。不生於禾也。尢者。𡯌曲脛也。𡯌者一足曲脛。不能疾走。故稽訓畱止。一足著地。故䅲訓特止。稽從尢。楷省聲。稽楷並淺喉音。莊子大宗師。狐不偕。韓非說疑作狐不稽。王弼本老子亦稽式也。河上本作楷式。此稽得楷聲之證。䅲從尢。棹聲。𥠄訓𥠄𥡴而止也。𥠄𥡴見紐雙聲。𥡴字屬禾部。說解曰。積𥡴也。從禾。從又。句聲。又者。丑省。許書說解支離者。多非本然。𥡴當從尢。枸聲。故說解曰。一曰。木名。即有以𥡴為枳枸來巢之枸字者。余疑𥡴即跔之異文。跔下曰。天寒足跔。此謂天寒句曲其足。如雞寒上距矣。則𥠄𥡴而止者。猶謂曲脛而止矣。是字當從尢。咎聲。說解引賈侍中說。稽䅲𥠄三字皆木名。是古書或借此三字為楷棹𣐈也。余推求之。以為稽䅲𥠄三字本從尢。旨省聲。作⿺尢旨。從尤。卓聲。作⿺尢卓。從尢。咎聲。作⿺尢咎。以為木名而加木旁。傳寫尢誤為尤。不得其義所從生。則又改木為禾。此雖待於徵證。而理固極成也。然則稽部諸文盡當隸之尢部。而𥡴部可削也。禾部所屬僅𥝌𥝢二字。𥝌下曰。多小意而止也。從禾。從支。只聲。檢迟下曰。曲行也。疑迟𥝌是一字。𥝌當從尢。只聲。作㤃借為木名而加木傍。尢誤為支。不得其義而改木為禾矣。是則𥝌𥝢亦當隸之尢部。而禾當與朩為倫。入木部。而禾部亦宜削矣。許書乙部尢下曰。異也。與奇下訓同。奇從尢。可聲。即踦之初文。尤即尢之誤字。詳余箸說文解字六書疏證。稽𥡴諸文從尢者。即從尢也。干部所屬僅𢆉屰二字。干字吳夌雲謂象人県形。是。從県大。人県。足向上。為逆。故辛字從二從而義為辠。𢆉屰皆干之異文。知者。金甲文逆字作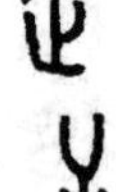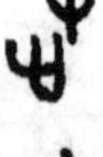諸形。有省作者。則干屰為一字明矣。干屰音紐雖有見疑之異。而音同淺喉。犯與不順。義亦同貫。是又得證之於聲義者。金甲文

夫字作夫夫。而甲文逆字又有作者。其從夫字甚明。則知大夫本是一字。夫亦人字異文。曶鼎賷玆五夫用百鋝。言贖此五人也。古偁大夫。猶今言大人。字宜県而視之。則與同。所從為県夫。即今屰字。而𢆉屰為一字又明矣。字傳寫譌變成成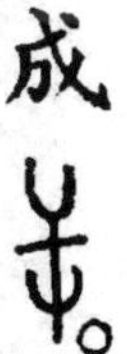。因為三字而殊其訓。然𢆉訓撴者。𢆉音今在日紐。撴在知紐。古讀皆歸於舌。是則以雙聲為訓。許書多此例。方言曰。撴。倒也。即借撴為𢆉。而𢆉義為倒。與屰之訓不順同矣。此亦𢆉屰一字之證。然則𢆉當入於大部。如㞢之在止部。而𢆉部可削也。𧮫部所屬僅㐁字。𧮫訓口上阿。張文虎謂上阿即上腭。而㐁訓舌皃。音他念切。周伯琦魏校孔廣居沙木陳壽祺皆謂即餂字。乃象舌出之形。則為舓之初文。不從𧮫省。𧮫

無所屬。當隸口部。而谷部宜削矣。包部所屬僅胞匏二字。胞為包之俗字。無俟說明。匏訓瓠也。當從瓠省。包聲。宜入瓠部。而包從巳有以勹之。當入巳部。是包部可削也。勹部所屬僅一敬字。敬訓肅者。憖字義也。敬為儆之初文。從攴。苟聲。敬音見紐。與苟同音。則敬從苟得聲無疑。當迻攴部。苟從口。羊聲。篆作苟者。由甲文羊字作[illegible][illegible]而變。不從包省。羊音喻紐。苟得聲於羊而音屬喻紐。由深喉轉為淺喉耳。苟當入口部。而苟部可削矣。句部所屬僅拘笱鉤三字。拘訓止也。知義從手出。以句為聲。當入手部。曲竹為笱。曲金為鉤。重在金竹。當入彼部。句訓曲也。義出於丩。故朱駿聲謝彥華皆謂從丩。口聲。宜入丩部。而句部可削。后部所屬僅㖃字。尋后下解說迂回。黃生謂后即厚薄之厚古文。故天曰皇天。地曰后土。其說是也。許書厚字從厂。㫗聲。今作從厂從㫗。非。古文作垕。即后之俗體。后從𠂆。口象石形。與石一字。又部反。古文作反。石部磬。古文作硜。尚書擊石。唐寫本經典釋文殘卷曰。石。古作后。墨子非攻曰。則是鬼神之喪其主后。洪頤煊謂后當為石。主石即主祏。尋墨子多存古文。后即石也。此后石一字之證。則當附於石下。而𠵓訓怒聲。蓋從口。后聲。當隸口部。魏源之說是也。則后部宜削矣。此粗舉宜削者。若歸訓女嫁。則義重在婦。況妻訓婦與己齊者也。叔鼎錫鼎齋字作⿱齊帚。蓋從婦省。齊省聲。是婦部可增也。臼下曰。古者掘地為臼。象形。中象米也。是凵為象掘地而陷之之形。臽下曰。小阱也。從人在臼上。甲文薶字作⿴凵牛。從牛在凷中。凷即坑耳。象坑中有土。似臼而非臼。凶下曰。象地穿。交陷其中也。凵象阬形。凶從凵。乂象凵中交裂穿陷之形。凷亦從凵從土。明凵中之土。所以為墣。然則凵即阬阱之初文。是宜增凵部。而臽凷諸文屬之。舄之篆文作䧿。自可先䧿而後舄。入之隹部。與鳳入鳥部同。必以舄為象形之初文。則字不從鳥。當如舄燕之自為部首。焉字亦然。且焉下曰。凡字。朋者。羽蟲之屬。烏者。日中之禽。舄者。知太歲之所在。燕者。請子之候。作巢避戊巳。所貴者故皆象形。焉亦然也。此固許語邪。則當先朋而後鳳。又當如舄之雖有篆文作䧿而不入隹部。說者謂烏舄焉形之半同故合之。此不可通之說。疑許本各為部。而後人妄合之。不然。則宜𠩺為三部。當增舄焉二部矣。

說文部首誤分誤合

許書疋下曰。足也。則疋足一義矣。足下曰。從止口。許未明口是何象。疋下曰。上象腓腸。下從止。況祥麟謂足蓋當作[illegible]。然則口非口舌之口。亦非象回帀之口。即足下所謂象腓腸者也。篆隸難成整齊縮蹴之。遂為口耳。則足足一形矣。論語足恭。足音同湭。今山東讀手足字猶然。則足足一音矣。是足足非二字。足部所屬僅䟡䟢二字。況祥麟朱駿聲謂䟡從囪足聲。宜入囪部。孔廣居謂䟢從爻足聲。當入爻部。況朱亦同。然則足部無屬字。胡秉虔謂說文分部有以聲為經者。然與分別部居不相雜廁之例相違。且許書如句部所屬拘笱鉤三文。皆曰從句。句亦聲。后部所屬㖃字。亦曰從口后。后亦聲。不部所屬否字。亦曰從口不。不亦聲。則許固未嘗以聲為經也。由此言之足足不宜分為二部矣。入下曰內也。內下曰入也。章炳麟謂入即內之初文。余謂內即出入之本字。亦內外之本字。而入∧則一字也。知者。內。芮公鼎作。師奎父鼎作。皆從重宀。宀下曰交覆深屋也。象形。況祥麟謂當作□。金文作介作□。余謂古者穴處。穿土為穴。其出入處形作□作□。今家下有古文作□。宅下有古文作□。甲文有□□。亦即家宅。是其證。及構木亼土為室。則上有榱桷。東西有序。介其象也。甲文家亦作□。向作□。客作□。仲盤寶作□。史懋壺宮作□。是其證。許書入字作□。宀字作□。殆無以殊。而入下曰。象從上俱下也。說不可通。蓋俱或為覆字之譌。是亦入宀非二之證。或謂亼字從入。篆作□。甲文入字亦多作□。盂鼎入字作人。宅敦亦作□。則形有異於□矣。余尋大鼎入字作□。毛公鼎今字作□。甲文今字有作□者。此在篆蹟。不足致疑。且出入字不可虛構。今宀中有宀。所以為內。假借即以為出入字。古讀出入本如出內。莊子盜跖殺兄入嫂。即內嫂也。且亼從入一者。此極之初文。從宀。一象棟也。故舍字從之。亦可為入宀一字之證。然則入宀不得分為二部。又宀穴一字。穴殆由介而變。許書突字從穴。而突𩏩作。寮字從穴。而毛公鼎作皆從宀。是其證。則宀穴亦不得分矣。金甲文月字皆作夕。蓋夕篆當如甲文作）作）。合於闕也之訓。莫為夕者其字即夜從夕。亦省聲。師酉敦夜字作。毛公鼎殂字作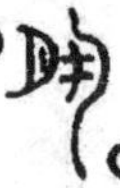。均從月。亦月夕一字之證矣。則月夕不得分為二部。屮下曰。古文或以為艸字。今檢漢書艸字皆作屮。王樹柟曰。屮為艸之古文象形。余謂屮本象艸形作。是艸之初文。今屮部所屬屯每毒芬𡴑熏七字。毒之重文從艸作𦷏。芬之或體從艸作芬。則屮艸無殊矣。屯毒每芬義皆言艸。𡴑為地蕈。亦草類也。熏不從屮。朱駿聲說是。則屮艸非二。可以斷然。他若禹㢸僅古篆之殊。大介徒篆籀之別。

而各為部首。雖謂形既不同。亦各有屬。於例無嫌。然艸部左文五十三。大篆從茻。已有變例。則入宀穴夕月屮艸禺弜大介之類。可以同部而記別之。此分之可議者也。一部有初文天字之一。有初文地字之一。有籌數之一。何以言之。一下曰。惟初太始。道立於一。造分天地。化成萬物。此是許君以其哲學觀念。造為訓釋。非一之本義如是也。猶干支二十二字。每有本義。而許以五行家義訓之。亦非其本義也。尋許書於不字至字旦字或字下。或曰。一天也。或曰。一地也。此初文天地字作一之證。見於許書者。辛從二。從𢆉。甲文作。父辛爵作。從一。從干。干為県大人県向天。乃為臯耳。此是初民畏天之威之念。則初文天字之作一又可證於辛字者。帝者。鄭樵進鶴壽吳大澂並以為根蒂字。是也。帝下有字。說解曰。古文帝。甲文亦有作

者。則從初文之地。下象根核之形。此初文地字之作一又可證於帝字者。蓋初文天地字皆作一。其別異則見之辭義與書。書天字則上其字。書地字則下其字。天地者。均有形可象。徒睹其大而無垠。故僅象其橫徧而已。其後以其易與籌數之一相掍。又天地連書雖復上下其字。亦嫌不別。遂以初文顛字之天代指蔚藍之名。別造從土也聲之地。以為厚土之偁。初文天地字遂廢而不用矣。許書於二三四五六七八九十凡習俗所用記數之字。別箸於篇。而不別箸籌數之一。一下有弌字。說解曰。古文一。是許亦以此同於初文天地字之一為籌數之一也。人羣數之觀念。不知其所自始。然必始於知別識事物。則數之對象實為有形之事物。由此觀念而演生記數之工具。在中國古代實為算籌。古金文於二三四五皆作積畫。乃象算籌之布列。故

十

魏校況祥麟謂祘字不從二示。乃象籌算從橫形是也。祘為算之初文。一者。算之初位。亦籌之笵形。籌之笵形為一。與初文天地之一。迥不相涉。許君以其哲學上之見解搃為一字。在許君造作說文。始一終亥。別有會心。吾人固未宜強和也。是則一部當分為三。

八部有語辭之八。有初文判字之八。何以言之。八部所屬分介曾尚家詹介𠔁公必余衾十二字。介字甲文作。羅振玉謂象人著介。象聯革形。是也。漢書五行志曰。介者甲。甲。兵象也。左昭五年傳曰。或夢伯有介而行。注介。甲也。史記衛世家曰。太子與五人介。賈逵曰。介。被兵也。並介為人著介之義。可證。則介當屬人部。衾字顧廣圻沈濤據玉篇以為余之重文。朱駿聲謂是余之籀文。故許記文十二。重一。是也。家訓從意。未知所從。分為八別也之八。後起字。亦分之古文。下曰。

從重八。八。別也。亦聲。孝經說曰。故上下有別。可證八聲與別同。余謂八即周禮太卜其別六十有四之別。吳大澂謂別從刀。從八。不從冎。其說甚是。則八又分之古文耳。其音並在幫紐。或並屬脣音。義無殊也。公訓平分。是從分別之八。從口。即公私字。金文公字多作㕣。則不從厶也。口即六篇象回帀形之口。亦為公私之私本字。故韓非曰。自營為口。背口為公。宋景文筆記引背作八。當從之。以公私字不可得作。故即假借回帀之口為之。今作厶者。由隸書口形往往作厶。傳寫譌為公也。必訓分極。從分別之八。即劈之初文。尒曾尚詹余五字。其訓皆為語詞。則從語詞之八。知有語詞之八者。只下曰。從口。象气下引之形。兮下曰。從丂。八象气越丂也。乎下曰。從兮。從八。八。分也。爰禮說。爰禮說者。許以爰禮有此說偁之耳。其實平訓語平舒也。乃從語詞之八。然則八部當分為二矣。匕部匕下曰。相與比敘也。從反人。匕亦所以用取飯一名柶。其為二字相棍甚明。故孔廣居王棻謂卓卬等從反人之匕。匙㔸等字從反刀之匕。況祥麟謂匕箸字當作。孔廣居王棻謂從反刀。亦以形近。非反刀也。余謂相與比敘者。此比字義。比下曰密也者。毖字義。許誤以比字義訓匕耳。其實匕乃初文傾伏之傾字。字當作。象形。本部卬字即九篇之字。卿字從之。卿與鄉一字。並詳說文六書疏證。毛公鼎卿字作。甲文作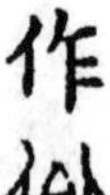。則卬字亦當作。周伯琦謂從二人相向。余謂從初文傾伏二字。傾伏之伏其本字即匐。匐之初文作勹。篆作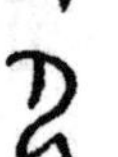。象形。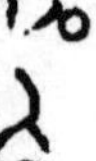二字正相對。漢書司馬相如傳。一坐盡傾。古者席地而坐。尊客至。伏地為禮以迎之。故曰一坐盡傾。今日本俗猶然。徒漢書用後起之傾字耳。然則

匕箸之匕。傾伏之𠤎。形義皆殊。匕部所屬僅匙字從匕箸之匕。旨字以下七字皆從𠤎聲。然頃訓頭不正。從頁。𠤎聲。艮訓很也。從目。𠤎聲。當入頁目二部。旨與卓疑為一字。孔廣居王煦謂卓從匕。早聲。按早從日。甲聲。作早者。古文甲作十。許書戎字作戒。虢季子盤作戎。虡敔甲冑作念[illegible]。甲文甲子字作十。並其證。則旨亦從𠤎。甲聲。伎者。𠤎之轉注字。音同谿紐。從𠤎。支聲。𡿺從𠤎。從古文囟。嚴可均說。人𠤎則見其囟也。卬從𠤎從卩。為迎之初文。主人𠤎伏而迎客。客匍匐以答之。此禮今日本舊俗猶然。由此可知匕部當分為二也。卩部有骨卩之卩。有瑞信之卩。知者。卩部所屬令卬𠨎卹卻厄厀卷卻卸卯𠤎十二字。厀卷二字從骨卩之卩。甚明。令訓發號者。此命字義。荀子解蔽曰。節遇謂之命。節當作卩。章炳麟說命借為令。卩遇謂之令。蓋令字之本義、即性命之命本字。字從卩ㄢㄧ相遇。今作令者。以㬎卩難書。變而為亼。則令從骨卩之卩。不從瑞信之卩。㔕下曰。輔信也。錢坫謂輔信也當作輔也信也。余檢爾雅釋詁曰。比。俌也。比即㔕省。則錢說是。輔亦宜從爾雅作俌。俌為傅相本字。則㔕即俌弻字。許引虞書曰。㔕成五服。今書作弻。是其證。俌字從人。則㔕字當從ㄗㄥ。不從骨卩之卩。亦非瑞信之卩也。卶訓有大度也。經傳罕用。未可肊定。然疑亦從ㄗㄥ。⿰必卩訓宰之也。錢坫曰。詩有匪。韓詩作有⿰必卩。然經傳無用此義者。宰之者。疑非宰割義。乃宰輔義。則即㔕之轉注字。亦當從ㄗㄥ。卲訓高也。義與卓同。亦同舌頭音。古讀歸定。聲亦同宵類。疑與卓一字。從ㄗㄥ與從ㄢㄧ同。或轉注字也。厄訓科厄木節也。一曰。蓋也。沙木謂從卩。居省聲。余謂今紹興縣謂厀蓋為膝厄頭。音義正同。則此正其字。當從骨卩之卩。卻訓節欲也。段玉裁改節爲卩。又依玉篇正欲爲卻。是也。卻者。卩㔾之際。莊子曰。塗卻守神。是其證。是卻從骨卩之卩也。卸者御之省。從卩。從止。似午者策也。遹敦御作□。甲文作□□□□。是其證。𠨍訓二卩也。巽從此。闕。周伯琦謂從二人。羅振玉謂易雜卦傳巽。伏也。又爲順爲讓爲恭。故從二人跽而相從之狀。余謂從二卩。此遜順之本字。易借巽爲之。㔾訓卩也。闕。余謂此節奏之奏本字。從反卩。故音則候切也。然則卩部所屬字。去其從卩而誤入者。皆從骨卩之卩。竟無從瑞信之卩字。諸許書以爲從卩者。若危若印若辟。俱不從瑞信之卩。亦不從骨卩之卩。而從傾伏之伏之初文。惟色字疑從人卩聲。然亦不能定其爲骨卩或瑞信之卩字也。然則卩部當分爲二矣。勹部有包裹之包初文作者。有匐之初文作勹者。今掍而一之矣。知者。勹部勹字下曰。裹也。象人曲形。有所包裹。此與下說解相同。今詧所屬者十四字。𠣾訓曲脊也。此從初文匐甚明。匍訓手行也。此為匐之雙聲轉注字。匐訓伏地。明是勹之後起字矣。匊訓在手曰匊。從勹米。在手曰匊者。段玉裁謂依詩毛傳當作兩手曰匊。今俗作掬。余謂兩手曰匊。此臼字義也。匊當訓曲身。即鞠躬如也之本字。從初文匐字。米聲。今讀居六切者。猶鬻之讀若育矣。詳說文六書疏證及讀書續記。匀訓少也。從勹二。余謂少也乃酌字義。匀之本義或當是徧也。今徧也之義誤入旬下矣。匀訓徧也。故均從土從匀而訓平徧。字當從包裹之包初文。二聲。勼訓聚也。亦當從初文包。旬訓十日為旬。從日匀聲。古文作㫗不省。可證。當入日部。勽訓覆也。此保護之保本字。從初文匐覆人。匈訓膺也。則亦從初文匋矣。匍訓帀徧也。匌訓帀也。皆從初文包字。匓訓飽也。余疑與廏一字。許謂民祭。祝曰厭匓。江沅謂蓋漢人語。余謂漢語乃借其聲爾。乙敦有□字。降父匓敦作□。居敦作□。此广形又有反之作□者。盂鼎匍有四方字作□。則相似矣。因而致譌。⿹勹复訓重也。則從初文匋初文包皆可。然余疑重也乃㚆與複字之義。⿹勹复或為⿱宀復之異文。勹亦□之譌。許書宅字。古文作庑。䆿字圖卣作□。此宀广相通之證。宀穴則一字也。又許書廏下有古文作□。蓋□亦□之誤。宄下有古文作□。蓋從宀。又聲。宀誤作□。又誤作□。此可證⿹勹复為⿱宀復之異文。亦可證匓為廏之異文矣。冢訓高墳也。此亦從宀之譌。知者。軍從車。勻省聲。王國維謂會意兼聲。非是。卅三年戈左軍字作□。正其例證。然則勹部去其從宀之字。當入宀部。固當分爲二部也。此皆部首誤分誤合之證。條理之使不相雜廁。固許所許矣。

說文九千三百五十三文亡益

許書以大小徐本互勘。固顯有益出之字。即大徐本亦益於自敘所記之數。果何者爲後人所附益邪。段玉裁頗有增削。亦有削之不盡而記別之以爲淺人妄增者。亦有補之不盡者。若廣韻引說文曰。卌。數名。此或以他書爲說文。然容齋隨筆亦曰。二十字爲廿。三十字爲卅。四十字爲卌。皆說文本字也。卌音先立反。數名。然則洪所見徐本蓋有卌字。阬下曰。閬也。閬者。高門也。阜部諸文無涉門義者。不應阬字獨爾。蓋阬是埂下所謂秦謂阬爲埂之阬。其義當曰塹也。塹下曰。阬也。莊子所謂在阬滿阬是也。閬也之義。當作門中亢。今失其字。後人掇於新附矣。他若希壘由夰諸文。見於偏傍。志借悚鰈各字。見於說解。姚文田考異所舉得之羣籍者。雖有未信。宜備參稽矣。

說文重文亡益

許敘曰。重一千一百六十三。今重一千二百七十九字。則明有益字矣。郭忠恕汗簡刀部劚字注曰。出說文續添。是今則下□字乃出說文續添。非許書之舊觀。骴下曰。骴或從肉。而重文無胔字。許記曰重一。乃謂髀下踔字。小徐本無此四字。五音韻譜音切下有重文胔字。注曰。骴或從肉。說者以此四字為後人依韻譜增也。則大徐本又經後人改竄矣。然如𩫏下曰。從回。或但從口。今檢白厨敦作□。甲文亦作□□是當有□字為𩫏之重文。王筠於古籀偏傍中得□□□□等三十四字。張行孚復校得□□□□等十二字。若□□等字。古金文所習見。許自敘曰。郡國亦往往於山川得鼎彝。其銘即前代之古文。皆自相似。則此習見之文。寧獨於許所見者而闕之。殺字下重文凡五。然大徐本記重四而實重三。小徐本作重四而實重五。大徐本無殺殺二字。李燾韻譜同。然則既增其所無。未必不奪其所有。今重文雖有益無亡。亦復宜詳其真僞也。

說文篆文

許書自敘曰。今敘篆文。合以古籀。今書先敘古籀而後篆文者。固不僅一二矣。若斯之重文有折字。說解曰。篆文折從手。譱之重文有善字。說解曰。篆文譱從言。肄之重文有肆字。說解曰。篆文肄。隸之重文有隸字。說解曰。篆文隸從古文之體。斆之重文作學。說解曰。篆文斆省。爽之重文作爽。說解曰。篆文爽。豩之重文有豚字。說解曰。篆文從肉豕䝉之重文有[illegible]字。說解曰。篆文䝉字。此固自違其言。自敘曰。秦始皇帝初兼天下。丞相李斯作倉頡篇。中車府令趙高作爰歷篇。太史令胡毋敬作博學篇。皆取史籀大篆或頗省改。所謂小篆者也。自爾秦書有八體。一曰大篆。二曰小篆。然則許所引籀文即大篆。篆文即小篆。秦刻石皆在兼天下以後。其所用篆書。當不離大小篆。今許書及字下曰。乁古文及。秦刻石及如此。攸下曰。[illegible]秦刻石繹山文攸字如此。今檢甲文及字作[illegible]。齊口氏鐘作[illegible]。石鼓文鄭樵以為秦惠文王以後始皇以前書。其及字亦作人後又。攸字毛公鼎作攸。頌鼎作攸頌敀作攸。皆與攸同。金甲文水字偏傍多作丨丨丨。或作丨丨。甲文衍字作[illegible]。則攸字中直畫或本為丨丨丨為乁而誤連之或直之。其字為古籀可知。乁[illegible]則省改所謂小篆者也。說解言秦刻石如此。明秦通用小篆。蓋與言篆文某者無殊。至於殹字見秦斤。丞字見秦權。而亦見石鼓。殆未嘗改易者。其他篆文而同於古金文者。不可勝數。然則秦所改省者固不多。是當合金甲文與秦刻石斤權諸器之文而考之。以定秦書焉。

說文篆譌

許書雖承秦篆。秦篆亦非肊作。今以周秦金石之文。商周甲骨之象。覈之許書。實有譌篆。如卜辭有。即毀字。羅振玉釋噩。噩亦即毀字。詳拙纂說文六書疏證及讀書續記。毀為豐穰本字。從吅。或從品。或從㗊。象禾多穗。金文喪字作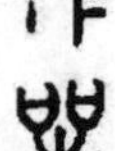量侯敦。。齊侯壺。從亡。毀聲。今篆作𠷎。譌矣。毛公鼎敃天疾畏疾字作。吳式芬釋甚塙。孫詒讓謂從亢尳之亢。是也。或

作。今許書如此作。傳寫譌為。又譌為矣。從倚夫。諸家釋矢字。非。所以為疾。會意至明。今篆全譌。疒部字皆當屬之於疾。䧹。毛公鼎作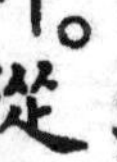。從隹。斤聲。今篆譌作䧹。此由斤譌。或譌為疒。并之成䧹耳。今䧹下曰。從隹。瘖省聲。或從人。人亦聲。可證并篆之譌。籀文䧹從鳥。則字宜作鷹。今作鷹。亦譌。與金甲文作。從舟。舟者。盛物之器。似舟者。如今杭縣名承茶盞之器曰茶船。實即初文盤字。金文受字從此。而今篆譌從与。莊述祖謂不從一勺。是也。臣字金甲文作。從而縛其身。古臣妾皆係虜。詳說文六書疏證及讀書續記。今篆作臣。無由知義。舍為市居。形蓋作。故說解曰。從亼。中象屋也。口象築也。楊桓謂亼象交覆之形。中象柱栱之形。口象其基。說少未安。而今篆作舍。莫知所象。盾蓋從厂。目象盾形。而

今篆作盾。說解曰。所以扞身蔽目。象形。似誤以為從耳目之目。亦不知𠂆象何形。眔訓目圍。讀若書卷之卷。今杭縣言眼圈。蓋是此字。金文有眉字。楊沂孫謂從二目。𠂆象眉骨形。疑眉即眔字。然訓目圍而篆作眔。其譌甚明。看從目。軌省聲。或從扒聲。篆當作着。而今篆作着。說解曰。從手下目。然則篆譌而說解亦因之譌矣。福字猶鐘作福。曾子簠作𥙊。甲文作𥛁作禱。羅振玉謂從畐象尊形。是也。今譌以為從畐聲。录字甲文作𣖾。頌敢作𣖾。录敢作𣖾。宰峀敢作𣖾。楊桓曰。录者。汲水而上之具也。則录乃以桔槔取水耳。沈兼士以為𣖾象桔槔。◎為汲水之具。小為外益之水。即渌之本字。今譌作𦂜。邍者。單伯鬲作𨘋。石鼓文作𨘋。俱不從录。王筠以為得彖聲。是也。則今篆譌矣。㝅訓取也。甲文作𢼅𢼅。

師望鼎作〼。是從手或從又持貝。今篆貝譌為見。容庚糾之。是也。衛字甲文作〼〼。曹鐈依父癸卣作〼。謂畾象城中有柵。〼象有人圍繞於城之外也。明衛之制必有人環城以為外禦者也。今篆作衛。帀蓋由㠯止而譌。韓訓井垣。字本從口。韋聲。今篆作韓。從韋為無義。或謂韋本衛字。井垣所以防止陷入。故從韋。乃得通耳。韋部諸文去韓字。皆屬皮韋義。蓋亦誤合二部為一者。古文韋作〼。或乃皮韋本字。叒下曰。日出東方湯谷所登榑桑叒木也。榑桑今作扶桑。叒木即桑。桑字小徐本作從木叒聲。是也。桑者。章敦彝依石鼓文箸字從〼。即若字。證知叒當作〼。余謂若為諾之初文。從口。〼聲。今許書若下曰擇菜也者。即叒字義。篆當作〼。毛公鼎作〼。從収。從屮。散氏盤作〼。從又從艸。皆以為若字。可證也。則今篆譌矣。叒部所屬僅桑字。當入木部。叒當入屮部。是叒部可削。夗訓卧也。今作轉卧也。轉字當連篆讀。張文虎謂右方卩字疑本作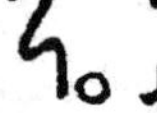。似尸而曲。象人曲膝側卧之形。余謂夗從二尸。尸下曰。陳也。象卧之形。二人相依而卧。則必屈其體。故有夗轉委曲之義。今篆譌從夕卩。不可說矣。外訓遠也。夕卜為外。理有未得。甲文有王亙。或作王。商承祚以楚詞天問證知即王恆也。余檢古文恆字作亙。其中作外者。由而譌。甲文弓字有作者。政齊之則為外也。外即今謂月弦字。從月。弓聲。弓弦音並淺喉。閒之古文作闁。閒弓音同見紐。可證也。今讀五會切者。音亦淺喉。今訓遠者。自上弦至下弦為時遠耳。假借為內外字。宮訓室也。羅振玉依甲文作。謂從呂象有數室之象。許謂從躳省聲。譌。余檢史懋壺宮字作。石鼓作。是金甲文無從

呂者。蓋從兩口。口即環堵。邕之古文作㽞。邕下曰。四方有水自邕城池者也。羅振玉謂口象土圍。巛為口外環流。是也。㽞即壅之初文。水流築口以㽞之。㽞之從兩口與宮同矣。又辟雍辟父敦作辟宮。或宮從古文邕省聲。其不從躳省聲可斷也。則今篆譌矣。許書篆譌者。蓋百餘文。篆譌而說解亦隨之譌。是以篆譌者。其說解多迂曲難通。然則不正其譌。則所屬者皆不可得而解。楊桓周伯琦皆欲有所正。然不通六書。以意專輒。故多附會穿鑿之論。

說文古文

許書所敘篆文。不皆李斯趙高所改易者。自敘曰。其偁易孟氏書孔氏詩毛氏禮周官春秋左氏論語孝經。皆古文也。然則如鬃下曰。詩曰。祝祭於鬃。瓘下曰。春秋傳曰。瓘斝。祝下曰兑為口為巫。瑁下曰。周禮天子執瑁四寸。玕下曰。禹貢雝州球琳琅玕。以譙下誚。古文譙。周書曰。王亦未敢誚公。賁下臾。古文賁。論語曰。有荷臾而過孔氏之門證之。則凡許書篆文下引易書詩周官春秋傳論語孝經者。皆古文而小篆未嘗改易者也。至於重文所敘古文。以臾誚二字例之。則蓋出於古文易書詩禮春秋論語孝經。然璿下引春秋傳曰。璿弁玉纓。而復有古文作璿。瑁下引周禮天子執瑁四寸。而復有古文作珇。玕下引禹貢球琳琅玕。而復有古文作㻍。覃下引詩曰實覃實吁。而復有古文作𠙴。此則古文之異者。猶商之古文有三。正之古文有二。蓋孔壁古文書者非一時。或同書而有異本。皆未可定。凡古文者。非謂其文造自倉頡。形必古於大小篆。昔蔡惠堂舉霣之古文作𩃬。從籀文鼎。電之古文作𩆜。從籀文申。雉之古文作鴺。從篆文弟。仝之古文作□。從篆文仝。是其證矣。然其形亦受於初造之字。如二□許書以為古文上下字。今論甲文上下字或作二□。同許所敘。或作□□。則最初文矣。帝之古文作□。甲文作□。示之古文作□。甲文作□。御之古文作馭。甲文作□。與之古文作𢍚。甲文作□与為月譌。說見前章。則𢍚即□矣。殺之古文有□字。甲文作□□其少譌者耳。鳳之古文有□□字。□字乃誤合□□為一字。鳥下曰□。古文鳥。象形。甲文作□。甲文鳳字有作□者。相證可知也。箕下有□。亦古文箕。此亦甲文□之譌變。侯之古文作□。甲文作□。樹之古文作尌。甲文作□。邦之古文作□。甲文作□。時之古文作旹。甲文作□。望之古文作□。甲文作□。般之古文作□。甲文作□。長之古文作□。

亦作□。甲文有□□。□古文□。甲文亦有□。□古文州。甲文亦有□。□古文嚴。斁狄鐘作□。□古文正。鼄子簠作□。□古文商。商⿰虘攴敦作□。□古文䜌。䜌卣作□。譱下有篆文善。則譱為古籀。毛公鼎作□。□古文鞭。諆田鼎馭字作□。右旁與□同。□亦古文敎。散氏盤作□。□古文槃。伯侯父盤作□。□古文麓。麓伯敦作□□古文慎。齊侯鎛邾公鐘並作□。□亦古文靁。雷甗作□。楚公鐘作□。□古文至。邾公牼鐘作□。然則雖曰古文。不必為最初之文。而實秦篆以前通用之文字。至其一字多形。則由列國殊書所致。蓋所謂文字異形者。不待七國時為始然矣。

許書自敘曰。周宣王太史籀著大篆十五篇。與古文或同或異則籀文即大篆。特史籀十五篇今無可徵。許之所錄為史籀篇文以否。亦不可得證。奭字下曰。此燕召公名。讀若郝。史篇名醜。姚下曰。史篇以為姚易也。匋下曰。史篇讀與缶同。段玉裁據漢書王莽傳徵天下史篇文字。孟康曰。史籀所作十五篇。果如孟說。則匋姚二字。塙見史籀篇。今匋下姚下亦不別出籀文。殆小篆承大篆而不改者也。又許敘篆文合以古籀。則凡不別出籀文者。亦小篆承大篆而不改者也。秦未統一文字以前。雖七國殊文。要皆本之古籀。今詧元下無古籀而師酉敦作元。環下無古籀而毛公鼎作環。遣下無古籀而毛公鼎作遣。路下無古籀而史懋壺作路。睪下無古籀而𩞁子簠作睪。舊下無古籀而兮甲盤作舊。是可諭矣。其別出籀文者。惟牆下曰。

𪏰。籀文從二禾。𪏰。籀文亦從二來。他皆無重出者。漢書埶文志曰。史籀篇者。周時史官教學童書也。說者謂如漢凡將及近時課學童之千字文。蓋無重字。則許所敘籀文或盡出大篆十五篇中。班固曰。建武中亡六篇。則許時僅存九篇矣。又前人以韋應物韓愈謂石鼓為周宣王時物。因謂石鼓文即史籀所作大篆。今詧許書所載篆文下不別出籀文而其文與石鼓同者。如淄不後田車安具馬左嗣始古諸文。其同者甚眾。然許書皮下有籀文皮作𤿉。而石鼓作𤿉。叔皮父敢亦作𤿉。射為篆文則䠶為古籀。而石鼓作𢌳。身旁即𠃋之譌。是篆文乃同於石鼓。是豈許書經傳寫而致誤邪。則箕之籀文作𠥓。與石鼓之作𠀠者。固亦殊矣。卤從乃省。籀文卤不省。許書奪籀文卤。而石鼓作卤。亦與篆文同。是則使許記籀文無迻寫之譌。或可以正古金石文字之失。若石鼓者。亦小篆以前本大篆而稍異。所謂七國異形者也。況鄭樵之說。固多其證邪。徒史篇傳寫至漢。已不能無譌。許書至今。復多迻寫之失。則將有徯於審諟矣。

說文奇字

許書自敘曰。亡新居攝。使大司空甄豐等校文書之部。自以為應制作。頗改定古文。時有六書。一曰古文。孔子壁中書也。二曰奇字。即古文而異者也。三曰篆書。即小篆。段玉裁曰。分古文為二。儿下曰。古文奇字人也。无下曰。奇字无也。許書二見。蓋其所記古文中時有之。不獨此二字矣。楊雄傳。劉歆之子棻。嘗從雄學奇字。按不言大篆者。大篆即包於古文奇字二者中矣。朱一新曰。說文儿下无下引奇字凡二見。徐鍇敘引蕭子良曰。籀書即大篆。新臣甄豐謂之奇字。史籀增古文為之。故與古文異也。倫謂亡新六書無大篆。段以為包於奇字中是也。謂包於古文中非也。大篆固多承古文而不變。然新時古文則為孔子壁中書。奇字者。壁中書與小篆之外。一切異於古文小篆者。以其體去古文近。故曰。即古文而異者也。奇字之中。大篆蓋盡存焉。知者。史籀十五篇。唐玄度十體書曰。逮王莽亂。此篇亡失。建武中。獲九篇。章帝時。王育為作說解。所不通者十有二三。今无下曰。王育說。天屈西北為无。是必史篇解說中語。則无字見於史籀篇。而莽時則謂之奇字。又禿下曰王育說。蒼頡出見禿人在禾中。因以制字。今禿下無古籀。則小篆承大篆而不變者。此亦可證禿為史篇之文。儿字許書作儿。欠字從儿。而歎字籀文作[illegible]。其欠旁與許書欠字小篆同。㳄之籀文作𣲉。欠旁亦同。頁字從𠆢。而顔字籒文作𩕢。其頁旁之𠆢。亦與許同。此並可證莽時以大篆為奇字。然許書𠆢字。其形當作𠆢或作𠆢。傳寫變譌。知者。小篆未興。其文即古籒。今審人作父戊卣人字作𠆢。今人下曰。此籒文人。散盤作𠆢。杜伯簋倗字作𠆢。戟者鼎戒都泉偁字作偁。毛公鼎俗字作俗其人旁皆從籒文人。以此證之則𠆢為奇字矣。集𠈌敦𠈌字作𠈌。其偏傍人字亦同𠆢。金文從頁之字多作𩑋。甲文人字亦多作𠆢。皆與初文伏字作𠆢者近。蓋籒文人字作𠆢。許謂象臂脛之形。況祥麟以圖畫擬之。謂當作𠆢。象側立形。是也。古文作大。則象正立形。奇字作𠆢。象側面形。而與𠆢異者。𠆢象側坐之形。故甲文多作𠆢。㘸下出古文作坐。從二人坐於土上。篆文多一𠆢字。不從畱省。其二人蓋本從奇字之象。𠆢形稍正齊之。故為儿矣。沇兒鐘兒字作□。剌貞兒字作□。甲文作□。匽侯鼎見字作□。甲文作□。許書祝字作□。太祝禽鼎作□。甲文作□。並其塙證。徒甲文之形與跽之初文作□者。即戊己之己。殊無以異。許於儿下引孔子曰。在人下。故詰屈。則其形當如甲文。倫疑象形之文。異同往往在曲折閒。坐則以髀箸踵。跽則挺其身。傳寫便利。遂相掍亂。有待更證耳。然則段謂奇字許於所記古文中時有之。大篆即包於古文奇字二者中者。當分別而審詧之。許書所敘古文為壁中書。則與新時所謂古文者當盡同。其或不出古文者。亦小篆承古文而不變者也。然古文形不一致。即知有奇字之實。顧新時既以別於奇字。許書亦別出古文。則不能相掍。故不能謂所記古文中有奇字。若大篆者。新時在奇字中。許書則別出籀文。故不能不記奇字。況如奇字人者。又為部首而從之者又多乎。然則蕭子良即以大篆為奇字。則忘許書於籀文之外固有奇字。段謂大篆即包於古文奇字二者之中。則忘莽時古文許敘明言是孔子壁中書也。壁中古文許書敘錄甚多。皆異籀文矣。然許去亡新不遠。新時既以奇字與古文小篆並列。即謂大篆居奇字中太半。顧亦何僅儿无企𣅀四文可記。此當詳之耳。

說文或字

許敘篆文古籀奇字。復箸或體。約可區分。有即某字而省者。如禱下有𥛷字。說解曰。禱或省。菑下有甾字。說解曰。菑或省。蒸下有𦳢字。說解曰。蒸或省火。是也。有不言省而實亦省者。如𦺇下有菼字。說解曰。𦺇或從炎。是也。有即某字。某字省而或體不省者。如邁下有𨘱字。說解曰。邁或不省。讄下有𧬛字。說解曰。讄或不省。竈下有竈字。說解曰。竈或不省。亦有不言不省而實不省者。如𢽬下有壂字。說解曰。𢽬或從堅。是也。有得聲之字同而得義之字變。遂為二字者。如瑱下有𦕈字。說解曰。瑱或從耳。此由瑱以飾耳。飾耳以玉。故易玉以耳也。玩下有貦字。說解曰。玩或從貝。此由古玉貝皆為貨。故易玉以貝也。𩆜下有靈字。說解曰。𩆜或從巫。此由巫從兩手奉玉以為事神。故易玉以巫。有得義之部未變而得聲之部變者。此實與轉注字無殊。以其得聲之字雖變而其聲與本字之聲。必為雙聲或疊韻也。如球下有璆字。說解曰。球或從翏。璊下有玧字。說解曰。璊或從允。蓸下有蓾字。說解曰。蓸或從鹵。𩏂下有䩞字。說解曰。𩏂或從革贊。腝下有臡字。說解曰。腝或從難。凡言或從者。均變其聲耳。求翏聲同幽類。又或翏讀為嘐。則求翏古音同見紐。㒼允聲同真類。曹鹵音同来紐。爨贊亦同齒音。叜難音同泥紐。是其證矣。至如萉下有黂字。曰。萉或從麻賁。籆下有䚢字。曰。籆或從角從閒。饕下有叨字。曰。饕或從口。刀聲。此亦轉注之一例。萉為枲實。故或從麻。麻當作𣏟。麻部諸字皆當從𣏟。麻疑從广𣏟聲。詳說文六書疏證。肥賁則同脣音也。籆者。收絲者也。以竹為之。故從竹。或以角為之。則從角。蒦閒古讀並屬喉音也。食從口入。故饕或從口。號刀則聲同宵類。亦其證也。然則徒以篆文古籀所無。著為或體耳。又有增初文而成或體者。如厷下有肱字。說解曰。厷或從肉。乚下有鳦字。說解曰。鳦或從鳥。乂下有刈字。說解曰。乂或從刀。或下有域字。說解曰。或又從土。蓋由厷乚乂者。初文象形。厷又為厶之後起字。漸為篆體形變而義失。故增偏旁以明之。或則以用為又或疑或字。故加口成國。加土成域。以國字見於倉頡史籀及壁中書。故別為正字。又有初文不行而別用或體。初文尚見於倉頡史籀及壁中書。故初文仍為正字。或體附於重文。如珏下有瑴字。曰。珏或從㱿。谷下有啣臄二字。啣下曰。谷或如此。臄下曰。或從肉從豦。蓋並由指事會意之文。而易為形聲之字矣。又有或體見於倉頡史籀及壁中書。故錄為正文。而初文見於凡將訓纂。則退為或體。如淵下有㴕字。曰。淵或省水。其實㴕是初文。象兩岸中水回旋也。蓋或字者。由其字不出壁中書及倉頡史籀中。而世用之。故不得而削也。倫以為或字者。蓋出凡將訓纂中。知者。漢書埶文志曰。武帝時。司馬相如作凡將篇。無復字。元帝時。黃門令史游作急就篇。成帝時。將作大匠李長作元尚篇。皆倉頡中正字也。凡將則頗有出矣。至元始中。徵天下通小學者以百數。各令記字於庭中。楊雄取其有用者以作訓纂篇。順續倉頡。又易倉頡中重復之字。凡八十九章。許敘亦曰。孝平皇帝時。徵爰禮等百餘人。令說文字未央庭中。以禮為小學元士。黃門侍郎楊雄采以作訓纂篇。凡倉頡巳下十四篇。凡五千三百四十字。今許書营下有芎字。說解曰。司馬相如說。营或從弓。茵下有鞇字。說解曰。司馬相如說。茵從革。舛下有踳字。說解曰。楊雄說。舛從足春。𢷎下有拜字。說解曰。楊雄說。拜從兩手下。蓋許書或字下引二家說獨多。其為凡將訓纂中字無疑。又許引杜林說。芰從多作茤。譚長說。嘷從犬作獋。段作叚。蠹或從木。象蟲在木中作螙。如此者。蓋亦未央庭中之論。楊雄既取未央所記以為訓纂。則諸家之說亦存焉。是許所引諸家說者。或即由訓纂中得之。其楊雄說。則訓纂中有雄自記。又凡將訓纂中字。未必皆有記語。許於或字下不引諸家說者。未必即非凡將訓纂中字。然如薅下有茠字。說解曰。薅或從休。詩曰。既茠荼蓼。怛下有𢝊字。說解曰。或從心在旦下。詩曰。信誓𢝊𢝊。返下有彶字。說解曰。春秋傳返從彳。以許敘偁詩毛氏春秋左氏。則茠𢝊彶皆為古文。而出為或字。何也。或字又有出於古書者。如義下有羛字。說解曰。墨翟書義從弗。畜下有𤲣字。說解曰。魯郊禮畜從田從玆。是也。又如逶下有蟡字。說解曰。或從虫為。則張次立補遺逶訓邪去之貌。而或字作蟡。蓋為不明六書者所誤合。玉篇不為一字。王筠鈕樹玉謂張次立誤增。是也。然如裯之或體作䮻。段玉裁議之。逭之或體作爟。而玉篇作𨘼。以為古文。是則有宜審而正之也。

說文俗字

許書兼取俗字。如肩下有肩字。說解曰。俗肩從户。凾下有肣字。

曰。俗圅從肉從今。敊下有豉字。曰。俗敊從豆。冰下有凝字。曰。俗冰從疑。褎下有袖字。曰。俗褎從由。[illegible]下有噈字。曰。俗[illegible]從口從就。居下有踞字。曰。俗居從足。卬下有抑字。曰。俗卬從手。蟁下有蚊字。曰。俗蟁從文。此蓋由其字不見於史籀倉頡凡將訓纂及壁中書中而世俗用之。故不得而削。别之曰俗字。其實非史籀倉頡凡將訓纂壁中書中無俗字。如仌為初文冰字。象水凝之形。而冰復從水。其不合六書。甚於褎之作袖。蟁之作蚊。蓋後起之字。半為俗體。如政為整齊之本字。而加束作整。包為兒生裹之本字。而加肉為胞。辟為瑞玉環之本字。而加玉為璧。出為艸初生出地皃之本字。而加艸為茁。厶為股肱本字。而加𠂇為厷。復加肉為肱。九為肘之初文。而變為寸。復加肉為肘。夸為股也之本字。而加肉為胯。氣為饋客芻米之本字。而加食為餼。若此者。許書中不可勝舉。蓋由象形之文。漸就櫽栝為大小篆。意義不明。增偏旁以定之。其因一也。本字為假借引申之義所專。從而增偏旁以別之。其因二也。亦有市井所造不合六書者。如⿰豦且訓且往。而且為狙之初文。豦訓門相執不解。從豕。虍聲。言聲則且豦皆可為聲。言義則且豦均無往義。而今言息豦者。本有遽字。又如戫訓有文章也。而王國維以有為今人言侑食之本字。戫為彧之俗字。知者。錢大昕以戫為論語郁郁乎文哉之郁。則字當從有得聲。不從有得義。許書文章之義。字皆從彡。蓋有文章者。字本作彧。從彡。彧聲。荀彧字文若可證也。或有音同喻紐。故論語借郁為彧。今許書奪彧字者。由彡篆形亦作彡。周貉簋須字作[illegible]。易叔簋作[illegible]。是其證。古彧字蓋作[illegible]。形與⿱或彡近。誤為一字。俗乃於⿱或彡旁增有為之聲。許則知從⿱或彡之非義。

而適不明有之本義。故以為從有烖聲。而入之有部。若此者。許雖依史籀倉頡凡將訓纂而錄之。以為正字。然不免於俗也。

說文今字

許書以隸書失真。故敘篆合以古籀也。今灋下有法字。說解曰。今文省。小徐本作今文灋字。段玉裁以為隸省之字。許所本無。或增之也。嚴可均王筠亦言許書無出今文例。此後人以隸書增入。倫謂言今文者。必非漢後人辭。其字又作篆。非隸體。此由漢人作灋篆皆省廌。故許錄之。

說文正文重文異字

許書正文重文有非一字者。若蕢之重文作臾。檢蕢訓艸器。而爾雅釋艸以為赤莧。故孔廣居謂臾是艸器。蕢為赤莧。倫謂壁中論語荷蕢作荷臾。荀子大略。流丸止於甌臾。臾非赤蕢。則孔說當矣。𨑌之重文作愇。俞先生依女部字重文多從心。證知愇是媁之或體。倫謂是爲正之別體。正爲射的。詳說文六書疏證。𨑌爲是之疊韻轉注字。則即復有重文。不得從心。俞先生之說是也。姦之重文作悬。俞先生依許書緐三字爲一字者皆無重文。證知悬是忓之重文。羴之重文作羶。俞先生謂周禮庖人禮記月令其臭羶。字皆作羶。無作羴者。蓋羶是羊臭。羴是羣羊。非一字也。羼字從羴。故曰羊相厠也。倫檢經籍羶臭字皆作羊邊亶。莊子徐無鬼。羊肉羶也。正作羶字。俞先生說是矣。羴字甲文作。正象羊相厠。蓋今許書誤羴下羊相厠也之訓爲羼字義。乃以羊部末羶字下羊臭也之訓爲羴字義。并以羶字爲羴之重文。今既以羊相厠爲羼字義。故羼下原有羊相出前也之義爲別義。羊相出前。人以阻之。故羼從人後羴。

徐鍇曰。俗言相爭出前為相𡙇。是其本義猶在俗閒也。夙下有𠈐㑪二字。說解曰。古文夙從人㐁。從人西。宿字從此。檢甲文夙字作□□。金文作□□。無作𠈐㑪者。豐姞敢宿夜字作□。即宿字。則借宿為夙也。檢許書席之古文作囨。囨𠈐㑪均由□而譌。甲文射宿字作□。或作□。枕席字作囨。則宿之初文為人臥席上。其後加宀為宿。夙宿音同心紐。古或借個為夙。宿席亦同齒音。古亦或借個為席。今則一個字而或為夙之古文。或為席之古文矣。席下古文或本作囨。皤下有⿰番頁字。說解曰。皤或從頁。檢皤下曰。老人白。易賁釋文。後漢書班固傳注引作老人皃。文選西都賦辟雍詩注引作老人貌。倫謂當作老人皃。是老人皃者。⿰番頁字之義。秦本紀曰。黃髮番番。番即⿰番頁省。詩曰。黃髮駘背。古多以黃髮狀老。髮屬於首。故⿰番頁從頁。又老人皃者。謂老人之頌也。老人之頌亦多黃。故曰黃髮番番。則字從頁所以見義。至如皤者。從白番聲。白為日光。景下曰。日光也。依文選注引。廣雅釋訓景景。白也。莊子人閒世。虛室生白。白部皎皢[illegible]皛諸文。皆得義於白。假借為對黑之偁。今皤從白而訓老人皃。於義不晐。以為老人白。於事無證。段謂老人之色白。與少壯之白皙不同。故以次於皙。其實皙皙一字。猶曉皢一字。今皙下曰。人色白也。與皠下曰。鳥之白也。皚下曰。霜雪之白也。皅下曰。艸華之白也。皦下曰。玉石之白也。均為後人妄依古書白鳥皠皠。積霜雪之皚皚等分別增之。其實皅為白之轉注字。皦為敫之俗字。皠皚亦本止訓白耳。均詳說文六書疏證。故知皤止訓白。許引易曰。賁如皤如。王筠謂皤與賁對。祇是白耳。故王弼以或飾或素說之。不指人也。是皤顴非一字也。白下有古文作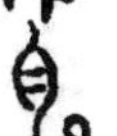。甲文白字亦有作者。盂鼎作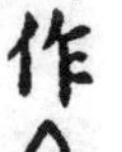。大敦帛字作。倫謂此初文帛字。象帛裹之形。今猶如此。是白亦非一字也。舜之古文作𡕥。舜訓艸也。其字從匧舛聲而匧形何象未可肊定。𡕥從夕甚明。𡕥字為古文寅之譌。篆當作。靜敦作。录伯敦作。陳猷釜作。甲文亦有作者。今下作土。蓋之譌。𡕥從夕從古文寅聲。必非舜之重文。倫疑寅之俗字。寅為胂之初文。胂訓夾脊肉。故無具敢寅字作。其上從夾。明夾下夾脊之肉為寅。象脊骨矣。以寅為干支之義所專。故加肉以別之。今俗有賓臏二字。是其證。高之篆文作。乃兩屋相向之象。蓋本向背之向。則高非一字矣。諳之古文作。桂馥謂𦞠乃詧之古文。玉篇詧在諳下。是許舊次。今詧移謹上而古文未逸。傳寫遂入諳下。是諳

[篆文]非一字矣。飴下有籀文作[篆文]。丁福保謂慧琳高僧傳音義九二引說文籀文饔。從共作⿱食異。唐寫本玉篇饔下正作籀文⿱食異。而飴下別有重文饌。則飴⿱食異亦非一字矣。凡如此者或許書原本已誤。或今本始然。亦當審而別之也。

說文重出字

許書重出字。如右見口又兩部。吁見口于兩部。吹見口欠兩部。否見口不兩部。敖見出放兩部。愷見心豈兩部。欲知何者重出。當覈之六書。非可肊斷。如鈕樹玉王筠依玉篇又部引右字。口部無之。以口部為重出。段玉裁錢坫王煦則以又部為重出。尋又部右下曰。手口相助也。口部右下曰。助也。度之事理。初民口語之不足者。則以手助而形容之。是助之義得於手。況說解又部詳而口部略。可以知口部之右為重出。益以玉篇之左諭。斯無疑矣。口部吁下曰。驚也。亏部吁下曰。驚語也。段玉裁王筠均以芋下曰大葉實根駭人故謂之芋。證知當存亏部之吁。倫謂亏者。語之舒也。無驚義。許書咼下曰。芇惡驚詞也。從旡。咼聲。咼亏音並出於喉。然則古初凡可驚駭則呼亏咼。此是語原致然。故芋以駭人而從亏得聲。由此轉可證知芋吁皆從亏得聲。不關會意。則亏部吁字說解雖詳而實重出。倫又疑口部吁下蓋本作驚語也。今本奪語字耳。玉篇口部有吁字。訓驚語也。亏部無之。亦可為證。欠部吹下曰。出气也。口部吹下曰。嘘也。尋欠下曰。張口气悟也。然則吹字從欠會意。義重出气。則口部為重出。口部否下曰。不也。不部同。不訓鳥飛上翔不下來也。似從不為主義。然倫謂否當訓相與語唾而不受也。從口。不聲。知者。莊子曰。善否相讖。善訓競言。否為相語唾而不受義正相對。否古讀如鄙。論語予所否者。論衡引否作鄙。是其證。古言鄙棄即唾棄。
亦即否棄矣。今相與語唾而不受之訓誤入丨部咅下。咅從丨
否聲故也。然咅從丨。丨訓有所絕止丨而識之。此句讀之句本
字。無相與語唾而不受之義。咅從丨。則受義於丨。亦當無是義。
倫謂咅即句讀之讀本字。故音天口切。咅從否得聲而音天口
切。猶圖從啚得聲而音同都切矣。莊子曰。此聖人之所圖也。即
借圖為否。音同透紐也。否聲轉為咅。故否下相與語唾而不受
之訓誤入於咅下。而口部否下遂僅以不也訓之矣。咅之重文
作䜴。即否之或體。從欠與從口同。許書歠之重文作噈。而欱古
書多作呴。其例也。是亦隨否訓而誤者。觀䜴之從欠豆聲。益可
知否之從口不聲。而說解當依小徐本補聲字。不部之否宜刪
亦明矣。放部敖。出遊也。出部敖。遊也。倫檢出部諸文無行義者。

敖字古書多訓遊。與許書同。其義蓋生於放。放訓逐也。甲文逐字作□□□□諸形。遂啟諆鼎作□。此因遊牧時期追逐禽獸之事而制字。夏書曰。以遨以遊。蓋古之遊。必有田事。此敖之所以從放。莊子曰。卑身而伏。以候敖者。敖者亦謂田人。引申則為凡遊之偁。莊子曰。蹍市人之足。則辭以放敖。放敖連文。亦可證敖從放以立義也。出者。敖所以得聲。昔孔廣居謂諧聲之字。有同部諧者。有同母諧者。其說甚塙。然孔謂同母僅指送音。若敖之諧出音者。出敖之收音並在來紐。許書祟從出聲而𣪠從祟聲。𣪠讀若贅。贅蓋從貝敖聲。贅之收音在日紐。古讀來日並歸舌音也。又許書貀讀若孼。貀孼聲固同脂類。其收音亦同來紐也。以此證知敖從出聲。而出部之敖為重出矣。其訓則當依出部作遊也。豈部曰。愷康也。心部曰。愷樂也。倫謂愷康也者。以雙聲為訓。許書固多此例矣。然豈實即𧯞之初文。從豈微省聲。豈為鼓之初文。尌仲敦尌字作⿰壴屮。師𤼩敦鼓字作⿰壴攴。其豈字中之○象鼓面。上下其箴虡也。豈訓陳樂立而上見也。樂下曰。象鼓鞞之形。木其虡也。依釋樂釋文引。鞞借為鼙。是其證也。古師以鼓進。故豈從豈。其訓還師振旅樂也。與𧯞下曰。訖事之樂也。義無不同。由豈用為語詞。俗造𧯞字。𧯞豈古同聲也。證見經傳釋詞。今俗又省作凱字。豈為還師振旅之樂。人心所樂。故愷訓樂也。義重在心。則豈部為重出矣。至如尿之重文作柅。而木部亦有柅字。得之古文作㝵。而見部亦有㝵字。⿱鼓合之古文作鞈。而革部亦有鞈字。喜之古文作歖。而欠部亦有歖字。巩之或體作𢀜。而手部亦有𢀜字。唾之或體作涶。而水部亦有涶字。則字雖重出而其義不同。如柅鞈者是也。喜之古文作歆。實與欠部者一字。此歡喜之喜。故從口。俗增欠字耳。得之古文作㝵。實與㝵部者一字。此得失之得。故從手持貝。後以持貝往易得物。故從彳。㧉為巩之俗字。丮部巩下曰。褱也。手部㧉下曰。擁也。擁下曰。抱擁也。則巩即擁之最初文。而兩㧉字義無不同。形又一致。其為重出明矣。又如⿱艹狾訓艸多皃。江夏平春有⿱艹狾亭。⿱艹狐亦訓艸多皃。江夏平春有⿱艹狐亭。倫檢許書鄂下曰。江夏縣。⿱艹狾鄂雙聲。蓋⿱艹狾亭即鄂亭。後人不明聲音通轉之故。疑⿱艹狾聲為譌。而狾狐形近。狐鄂聲近。妄改為⿱艹狐。校者不刪。因而重出。姚文田錢坫依玉篇廣韻無⿱艹狐字。謂乃⿱艹狾之譌而重出者。是也。字廁部末。亦其證矣。又如⿱艹致訓艸大。而菿訓艸木到。段玉裁以來諸家並謂⿱艹致當作菿。菿下艸木到。當依爾雅釋文作艸大也。與⿱艹致一字。由菿誤為⿱艹致。而後人增之也。

說文異部重文

王筠以說文重文不必類聚者為重文。亦有橄見各部者又有同部不言重而實為重文者。其說誠然。胡秉虔所謂一字兩見者即此。許瀚俞先生亦並舉其字而出之。今循王說而區為同部異部兩類。同部者。如疌下曰。疾也。𤴡下曰。機下足所履者。今疌𤴡二字。不獨說解不同。而一從屮得聲。一從入得聲。若截然二字者。其實𤴡疌字為正。從止從又。个乃象織時繫緯之具。手持以貫經。而足高下之以織。其事甚疾。故訓疾也。个県之則為屮矣。然則疌𤴡一字。因篆形有疌𤴡之殊。則以為重文可也。捷又後起字。釆下曰。辨別也。象獸指爪分別也。番下曰。獸足謂之番。以番之古文作𤰲證之。釆番一字。蓋即熊蹯不熟之蹯。古讀辨番聲同。故借番為辨。別也之訓。即辨字義。蓋釆下本訓別也。辨字乃讀者旁注。誤入正文也。是釆番一字。其形少殊。當爲重文。小下曰。物之微也。少下曰。不多也。尐下曰。少也。其義無不同。其形不同。或以爲少從丿聲。尐從乀聲。當爲小之轉注字。非也。知者。商承祚曰。卜辭小字作三點。示微小之意。與古金文同。許說殆非初恉。是也。倫謂古書少小二字通用。如小子即少子是也。尐字則經典無用之者。孟子力不能勝一匹雛。趙岐以小雛說匹雛。似孟子本作尐雛。形近譌作匹也。然段玉裁謂俗語說小往往言尐之音。子結切。則尐小音同也。趙岐以小說尐。則義同也。丿乀雖見十二篇。訓爲左右戾。而經典殊無其字。他字亦無從丿乀得義與聲者。丿部所屬乂弗二字。乂爲刈之初文。象刈艸之器。今土木工所用剪形作乂。正與乂同。弗從乂。許書引墨子義字作弗。散氏盤亦有𦍫字。弗正從乂。可證。十一篇沙下引譚長說。沙或從少。甲文有小字。證以寰盤沙字作。則小亦少字。然則小少少三字實一字。以形或小殊。則為重文可矣。或謂甲文小乙作小八。亦作少。正與篆文少字同。或作心。正與篆文心字同。則少心二字由小乙而譌。且下曰。薦也。俎下曰。禮俎也。金文俎字多作。甲文祖字作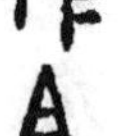。其為一字尤易明。則俎當為且重文。畕下曰。比田也。畺下曰。界也。比田者。田相比連也。田相比連之處即界。是畕畺一義而音又同。畺則三象阡陌。畺之或體作疆。而金文作。甲文作。皆從兩田。則吳大澂以為田中水道是也。然則畕當入田部。而界其轉注字也。劦下曰。同力也。協下曰。眾之同和也。恊下曰。同心之和。勰下曰。同思之和。然許記曰。文一。重五。今僅協下有重文作廿作叶。則失其三。錢坫孔廣居以為恊勰協亦劦之重文也。四下曰。

象器曲受物之形也。𠙺下曰。骫曲也。按骫曲之曲。今亦通作屈。皆當作出。而𠙺即四之後起字。增玉為聲而音同丘玉切。則不與轉注字同例矣。改下曰。更也。攺下曰。毅攺大剛卯以逐鬼鬽也。然音同古亥切。毅攺大剛卯以逐鬼鬽者。非特造此字。乃用更改字為之耳。羅振玉依金甲文有從巳之攺。無從己之改。謂攺改一字。然則即或許所見有從己之改。亦形殊而無異義。當為重文也。翳翳也。翳華蓋也。檢翳即羽葆。後世言纛翳者。翳之譌字。如越王翳即王壽也。然使許見翳字又作翳者。亦重文也。離黃。倉庚也。鵹鵹黃也。況祥麟以音義證之是一字。則如雉鴺之例可矣。筭長六寸。計歷數者。算數也。讀若筭。然則音義一也。其形或異者。古民族居山穴。交易以玉為貨。後近河流則以貝為貨。故筭從竹從玉從収。而算從竹從貝省從収。先後之故也。今說解以為筭從弄。算從具。謚矣。算當為筭重文。巨下曰。規巨也。工下曰。巧飾也。象人有規榘也。然巧飾乃引申義。工巨一字。巨即今木工所用裁木之鋸。象其形也。古文作巨。與制之古文作㓡同意。彡者。裁木所下。今謂木屑也。巨下曰。從工。象手持之。蓋コ即彐字。金甲文彐亦作ㄈ。コ則政齊之耳。工巨音紐雖有見羣之殊。皆淺喉音。古羣紐亦歸見攝。則巨為工之重文明矣。口囬也。圍守也。尋口即環堵。所以為守。圍口一字矣。倫謂口圍皆環堵意。今偁圍牆。守也者。韋字義也。則圍為口之後起字尤明矣。故音同羽非切。玄。幽遠也。玆。黑也。然古書玄端玄衣皆黑服也。無叀鼎玄衣字作8。邾公鐘玄鏐作8。毛公鼎錫女丝弁。丝弁即玄弁也。是玄玆一字。玆為玄之重文明矣。今音子之切者。由許引左傳曰。何故使吾水玆。今傳玆作滋。滋當作兹。形與玆近故也。晏。天清也。曣星無雲也。洪亮吉依史記索隱引許慎淮南注晏無雲也。謂晏燕一字。倫檢史記封禪書曣䁠。漢書郊祀志引作晏。亦可證曣為晏之重文。蓋天清乃俗訓。許書星無雲也本在晏下。而曣為重文。傳寫曣為正文訓星無雲也。則造為天清之訓繫之晏下矣。倝下曰。日始出光倝倝也。㫃下曰。闕。小徐本有旦從三日在倝下七字。沙木謂㫃為籀文倝字。籀文乾字從此。是也。則㫃為倝重文至塙矣。尞下曰。柴祭天也。連尞柴為句。燎下曰。放火也。古無以放火為燎者。放火即尞柴之俗義。今書尞柴字亦並作燎。燎為尞之俗字耳。當為或體出為重文。他若毌貫𠧪卥室宀宏弦実窫宊寱皆同部一字。當并之為一正一重也。異部者。如眉。臥息也。隸臥息也。並音許介切。蓋隸為眉之後起字。宁器也。𥂴器也。皆音直呂切。則𥂴亦宁之後起字。饘糜也。鬻。鬻也。糜鬻音同黴紐。鬻讀武悲切。蓋借糜為鬻。饘下曰。宋謂之餬。餬借為鬻。鬻下曰。鍵也。鍵為鬻之或體。鬻饘皆音諸延切。則饘亦鬻之或體矣。孟下曰。長也。襁下曰。負兒衣。檢孟字實從系省。皿聲。系為緜之初文。緜下曰。小兒衣。亦謂負小兒衣。亦俗作褓。孟子曰。襁負其子而至矣。借負為緜。猶言襁緜矣。系從子。八象負兒衣。孟下曰。系古文孟者。系當作⿱系皿。從系不省。傳寫譌奪皿字。陳子子裔孟嬀匜孟字正作⿱系皿可證。皿強則脣音雙聲。況祥麟謂強從虫。弜聲。弜誤為弘。是也。弜者。王國維以為柲之本字。當讀如弻。弻音房密切。然則襁者。由孟為孟長之義所專。故造此耳。元下曰。始也。兀下曰。高而上平也。孔廣居以為兀乃元之省文。倫謂麗下重文作丽丽。孔廣居謂丽從二元。元首也。即伉儷字。倫謂丽為伴侶之侶本字。亦即伉儷字。麗下曰。旅行也。乃丽字義。麗從鹿。丽聲。則麗皮也。壁中書以丽為麗。倉頡以丽為麗。故許書曰。丽。古文麗。丽。篆文麗。然丽從二元而丽從二兀。可以證元兀之為一字。孟子曰。勇士不忘喪其元。此元字本義之僅存者。始乃引申之義。兀下曰。高而上平者。蒙𠃌字為義。則元即首耳。其形蓋本作𠃌。變而為丂。增而為亓。猶大之變為天。而金甲文亦作天天。許書髡重文作髨。又軏下曰。車轅耑持衡者。今論語小車無軏。作車旁兀字。亦可證元兀之為一字。則元當為兀之或體矣。袚下曰。蔽厀也。市下曰。韠也。上古衣蔽前而已。市以象之。篆文市從韋從犮。倫謂篆文市作韍。從韋犮聲。與袚殊者衣與韋耳。以為衣則從衣。以韋為之則從韋。是袚韍一字。今袚下曰。蠻夷衣者。蠻夷衣猶僅蔽前也。身下曰。躳也。孕下曰。裹子也。吳夌雲以為身象褱子形。詩曰。太妊有身。是身為褱子之證。孕從子乃聲。則後起字。當為身之重文矣。冄下曰。毛冄冄也。而下曰。頰毛也。然今頰毛字作髥。即冄之俗體。是冄而本一字。其音皆日紐。冄蓋而之或體也。𩠐下曰。選具也。弜下曰。二卪也。巺從此。闕。然顨下曰。巺也。巺下曰。具也。易顨卦字今作巺。則顨巺一字。其實𩠐弜亦一字。弜不從二卪。從二卪。二𩠐與二𢀩同。許書頫之重文作俛。蓋從卪。免聲。頫訓低頭。故知當從卪也。是其例證。今弜𩠐之義皆失。其訓選具者。皆巺字之義。本義既失。故許亦不知𩠐為𢀩之重文矣。層下曰。重屋也。𨗨下曰。北地高樓無屋者。增下曰。益也。錢坫王煦以層為非古字。乃新附羼入。倫謂層為增之或體。字從厂。曾聲。非從陳尸之尸。尸部屋屏層皆屋室義。並不從尸。尸部有從厂之字與從履省之字誤入。並詳說文六書疏證。從厂與從土同。竲則增之譌字。甲文土字作△或作。因譌為立也。增字增鼎作。非二臣。以小子敦證之。乃𠂤字之異體。乃二𠂤。此丘一成再成之本字。後加曾字為之聲耳。凡屋一成再成亦謂之增。或易土為厂矣。然則竲下之訓。當歸增下。益也者。乃引申義耳。埤下曰。增也。埤與陴實一字。陴訓城上女牆。城上復有小牆。故埤訓增。以此證知增本層字。增訓高樓無屋者。而層訓重屋。亦知為後人以層字羼入尸部。遂謬增其訓。而不知其非古義也。他如爰援屛屏佋卲詬㖃畜蓄盌瓦恤卹刑㓝殺椓鄉饗場暘躍趯[illegible]躍[illegible]越昌唱[illegible]懾吃[illegible]嘩譁窺闚之類。蓋無慮數百字。或為前人所已發。或察聲義而可知。

說文屬字之誤

許書部首下曰。凡某之屬皆從某。然如𡨄者。周伯琦謂㠭象疊物形。孔廣居謂象牆壁塼隙形。況祥麟以為篆當作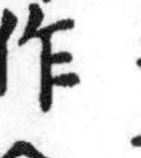。從宀象兩手以石窒𡨄形。則字不從㠭。當入宀部而今誤屬㠭部。朱駿聲謂熏之屮象煙出。非艸木初生之屮。當入黑部。倫據九經字樣引作象火煙上出也。則朱說是。王國維謂吏史一字。則吏當入史部。章敢彝謂差從𠂹。左聲則當入𠂹部。俞先生樾謂敫從白。敖省聲則當入白部。況祥麟謂𨑒當入辵部。蓋以從辵丌聲也。沙木依𦣝下曰。𦣝古文囧字。則𦣝即囧字。莊述祖亦謂囧下曰。賈侍中說讀與明同。今定𦣝即䀠字。䀠為古明字。二臣相背。焉得為明。古文臣與目形相近。故二目誤作二臣。倫謂莊謂𦣝從二目。即䀠字。是也。古鼎文有字。蓋二目相背。故䀠訓左右視也。鷹隼多左右視。故瞿訓鷹隼之視也。䀠讀若拘。又若良士瞿瞿。䀠下曰讀若誑者。音同見紐。今杭縣謂左右視者曰誑眼。即借誑為䀠。然則䀠當入䀠部。為䀠重文。矞下曰。以錐有所穿也。從矛。冏聲。小徐本。莊述祖依寶鐘遹字從□。韓詩謀猶迴穴。毛詩作回遹。證知矞從矛。穴聲。則矞當入矛部。朱駿聲謂業象大版形。當别立部。則今在丵部誤矣。羅振玉以甲文僕字作□。吳大澂以史僕壺僕字作□。證知僕不從丵。倫按古奴僕皆以罪人為之。執灑掃之役。甲文僕字從䇂即辛字。罪也。從□即丮字。從□即箕字。朩者。羅謂許君所謂古人或飾系尾。西南夷亦然者也。□則□中塵土。此象執掃除之役者也。史僕壺字從䇂。從人。從収。□則吳大澂以為即東魯謂缶為甾之甾。此象執灑役者也。靜敦僕字作□。其□與篆文丵字略同。蓋古僕字亦有作菐者。許書菐下曰。箕屬。所以推棄之器也。

今猶有此物。丵乃茻平二字之誤。則僕當入人部。莫下曰。日且冥也。從日在茻中。是莫當在日部。莽下曰。南昌謂犬善逐兔艸中為莽。則莽當在犬部。競下曰。彊語也。一曰逐也。倫謂逐也是本義。彊語乃誩字義。競從从。誩聲。則當入从部。緊下曰。纏絲急也。堅下曰。剛也。則緊從糸。臤聲。當入糸部。堅從土。臤聲。當入土部。⿱苜火下曰。火不明也。苜下曰。目不正也。則⿱苜火從火。苜聲。當入火部。⿱丫北下曰。戾也。從丫而𠂈。𠂈古文別。倫謂丫訓羊角也。工瓦切。音在見紐。𠂈訓戾也。義生於𠂈。則從𠂈丫聲。故音古懷切。亦見紐。然則當立𠂈部。如䰜之於鬲。而以𠂈入之。今在丫部。誤矣。䍜下曰。覆鳥令不飛走也。從网隹。讀若到。錢坫謂此即罩字。則當入网部。畢下曰。田网也。羅振玉謂甲文畢字作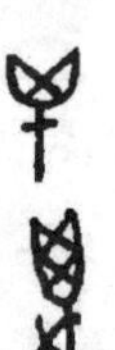。今雲南人所用掩兔之畢。形尚如此。則字不從華。當入田部。肙下曰。

小蟲也。倫謂象小蟲形。○其頭。[illegible]其身也。則當自為部。如烏之
於鳥。今在肉部。誤矣。𣎆下曰。或曰嘼名。象形。闕。錢坫曰。廣韻有
𣎆。云。獸名。魚身鳥翼。玉篇。魚有翼。見則大水。即此也。此訓殘脫。
倫按許書於𣎆龍能諸文。皆曰從肉。以金甲文證之。龍能皆象
形之文。𣎆字從𣎆。而子叔𣎆盦作[illegible]。筍伯盨作[illegible]。則𣎆不
從肉甚明。且說解亦曰象形。是今誤屬肉部也。牄下曰。鳥獸來
食聲。書益稷釋文引。来作求。王筠朱駿聲皆疑之。倫謂倉為穀
藏。不得生鳥獸來食聲之訓。字本從爿。倉聲。即刀槍之槍本字。
今誤屬倉部耳。𩫏下曰。用也。從亯從自。自知臭香所食也。讀若
庸。余謂吾漸紹興縣謂欲知臭香者。其音如凶去聲。即此字。蓋
從自。從亯。調之亯得聲。亯調字音普庚切。故𩫏讀若庸。今誤入
亯部。厚。山陵之厚也。字從厂。㫗聲。今誤入㫗部。昌下曰。美言也。

俞先生謂此唱之古文。余謂字從曰。鄉省聲。與量得鄉省聲同例。今誤入日部。函舌也。羅振玉依金文作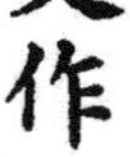甲文作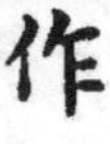證知函為矢箙。象矢在箙中。今誤入马部。罷遣有辠也。倫按秦以罪為辠。而罪為捕魚竹网。今网部罷詈罵三字。義皆涉罪。其有譌誤甚明。余謂罷者。熊羆之羆字。從能。网聲。與買從貝网聲同例。今買下誤言從网貝。而罷更誤屬网部。詈疑從言置省聲。置音陟吏切在知紐。舌音轉為半舌音。故詈音力智切。罵當從詈省。馬聲。然秦以前皆言詈。此漢時俗字。今皆誤入网部。盇覆也。徐鉉謂從大象覆之形。孔廣居謂一在皿上。象所覆之物。今誤屬血部。主者。鐙中火主。象形。今誤屬丨部。冠。絭也。所以絭髮弁冕之總名也。倫謂冠從又持冃。覆於人上。此從寸與從又同。從冃。冃與冃一字。從冂。當屬冃部。今誤在冂部。㞋。柔皮也。沙木謂尸象皮形。孔廣居以為甃之古文作。疑此即之譌。然不從尸。可斷也。屝。履也。屧。履中薦也。則屝屧皆從履省。屋古文作臺。籀文作屋。疑籀文本作。與古文略異。傳寫譌為屋。屋當從厂。或從𠆢。今形誤作尸。屛即屏字而屏從尸。其誤正同。是屐屝屧屋皆誤屬尸部也。篡。屰而奪取曰篡。則字從到子。即𠫓字省。今誤作厶而入厶部。昜。開也。金文多作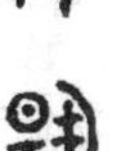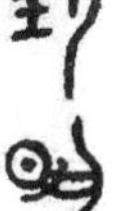。從丮。不從勿。有作者。亦由丮字金甲亦作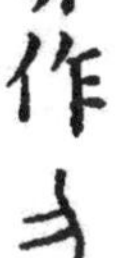也。是昜不從勿而今誤屬勿部。娩。兔子也。冤兔一字。冤子謂免子。則與㝃一字。桂馥謂從女。兔聲。今誤屬兔部。悤。多遽悤悤也。況祥麟謂從心。囪聲。今誤屬囪部。皋。气皋白之進也。俞先生謂與臭一字。蓋義生於白。從白。夲聲。今誤在夲部。昦。春為昦天。則字從日。夰聲。今誤在夰部。毗。人臍也。余謂人臍不當作囟。蓋毗之初文形與囟同。後加

比為聲。因誤在鹵部。医盛弓弩矢器也。則字從受物之器之匚。今誤從匸而入匸部。匠木工也。字從斤。匚聲。今誤在匚部。蠅營營青蠅。蟲之大腹者也。字從虫。黽聲。今誤在黽部。羞進獻也。金甲文皆從又從羊。𦙶食肉也。女久切。則字從肉。丑聲。今皆誤入丑部。啎逆也。呂氏春秋明理篇長短頡啎。字從吾從干。注。啎迎也。倫謂字當如呂氏作⿰干吾。從干。吾聲。干為到大也。今誤入午部。臾束縛捽抴為臾。倫謂從臼從人。今誤入申部。是皆其證也。

說文初文

許書九千三百餘文。其初文并後造之字並存者固多。亦有初文與後造之字各為一義。因而不知其為初文者。如天為顛之初文。章炳麟據金文作證之。是。今天下曰。顛也。以後造字訓初文耳。曹籀以八為別之初文。而今訓別也。亦以今訓古。又

如旁下曰。溥也。滂下曰。沛也。沛為水名。以雙聲借為溥。則旁滂一字而旁為初文矣。及為隶之初文。而今訓逮也。逮下曰。唐逮。及也。政為整之初文。整訓齊也。而政訓正也。或為國之初文。而今訓邦也。此雖不以今訓古而義相同。故學者猶易求之。若鄭樵以帝為花蒂字。則帝為蒂之初文。而今訓諦也。王天下之號。魏校以示為籌筭縱橫之形。則示為筭之初文。故說解亦曰讀若筭也。而今示字誤屬示部。說解曰。明視以筭之。義亦不明。鄭樵以王為盛王之義。則王為旺之初文。而今訓天下所歸往也。郝敬以屯為旾之初文。而今訓難也。王筠以釆為番之初文。而今訓辨也。楊桓以止為趾之初文。而今訓下基也。黃生以正為射臬。則正為埻之初文。而今訓是也。朱駿聲以卑為椑之初文。而今訓賤也。俞先生以甘為含之初文。出為茁之初文。官為館之初文。而今甘訓美也。出訓進也。官訓吏事君也。孔廣居以虍為虎之省文。而今訓虎文也。羅振玉以𢦏字甲文作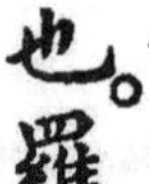。證知為戰之初文。而今訓賊也。楊桓以丁為鍛鐵大本小末銛其末以聯木之物。蓋今通用作釘者之初文。王筠以申為電之初文。周伯琦以酉為酒之初文。而今皆以五行月令之義訓之。既以別義為本義。則凡從此得義之字。皆不易明矣。若此者。其字猶多。如聿字。聿貝父辛卣作。甲文作。從又持。即刀筆。虛㓞其末則為。故小篆作矣。今聿下曰。所以書也。而𦘒下曰。手之疌巧也。其實聿為筆之初文。與𦘒一字。古用刀筆刻識。故有手之疌巧之訓耳。寺下曰。廷也。此由漢時名官吏治事之所曰寺。而朝廷亦為上下通稱。故以廷訓寺。其實官吏治事之所曰庤。與丞相御史之所曰府同。寺乃庤省。寺者。侍

之初文。從寸與從又同。之聲。異為戴之初文。金文作。甲文作。象戴缶於顛。兩手扶之。今異訓分也。戴訓分物得增益曰戴。由異借為冀。以為同異字。遂增𢦏聲作戴耳。次從夂二聲。即洛之初文。今訓不前不精者。當作不前也。不精也。而不前則趍字義。不精疑差字義也。用古文作。金文亦然。為墉之初文。象形。而今訓可施行者。𩫏字之引申義也。甫為圃之初文。故從用。父聲。而今訓男子美稱。由古書以甫為父也。從到予。予訓推予。則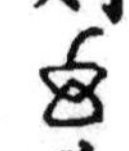為換之初文。今訓相詐惑也。疑諼或謾字之義。亦或是換易之引申義。工為巨初文。而今訓巧也。亼為極初文。而今訓三合也。豈為鼓初文。而今訓樂陳立而上見也。入為室初文。而今訓內也。或以引申之義為本義。或不質其辭而義遂譌遷。毌為貫之初文。而今訓穿物持之也。然毌實從貝有以貫

之。田當横之作亞。即象貝形。古金甲文貝字皆作𠔼。或作貝。
南宮中鼎串字即毌。尤可證也。蓋字本作串。或作串。患
字從串。莊述祖孔廣居以為從心。串聲。串即毌字是也。因其形
與申之篆文作申者近。故横其形作亞。然則孔廣居以毌
為貫之古文。是矣。死下曰。澌也。屍下曰。終主。然字從人從歺。歺
為殘骨。人之殘骨。非屍而何。呂氏春秋離謂篇。鄭之富人有溺
者。人得其死。期賢篇。扶傷與死。史記秦本紀。晉楚流死河二萬
人。漢書酷吏傳。安所求子死。皆用死為屍。蓋知死為屍之初文
也。今訓澌者。謂其澌滅耳。㚔下曰。所以驚人也。讀若籋。倫謂㚔
從兩人相犯。即辥之初文。故㚔部諸文皆有辠人之義。兩人相
犯。旁觀者懼其致死。故訓所以驚人。亦引申義也。亢為項初文。
毋為乳初文。立為位初文。民為萌初文。亅為鉤初文。堯為顛初

文。杲為早初文。杳為夜初文。勹為匌初文。□為傾初文。夋為蹲初文。身為孕初文。皆視形可得。求義可知。循聲可明。又如九為肘初文。盂鼎九作□。甲文作□。從又象曲肘之形。及九為籌數之義所專。則造寸字。從又一以指之。篆作□。明手之上為肘也。寸為尺寸之義所專。則加肉為肘矣。戊為斧初文。甲文戊作□□。父戊舟爵作□。父戊彝作□。其明證矣。己為㠱初文。篆當作□。形與奇字人及勹字近。辛為辠初文。己辛皆為干支之義所專。則增其聲為㠱。增自聲為辠。癸為戣初文。癸作父巳鼎作□。癸口敢作□。均象三鋒矛形。羅振玉朱宗萊均以為即𤼽字是也。寅為胂初文。吳夌雲之說是也。靜敦寅字作□。其田盤作□。寅即由之而譌變者也。胂下曰。夾脊肉也。陳猷釜作□。正從大象形。今寅下有古文作□。其上與陳猷釜同而小譌。土亦大形之譌也。午。賢觥作↑。今吾杭築墓舂土之杵正似之。故周伯琦以𦥑從午。證知即杵字。是午為杵之初文也。初文字又有存於重文中者。如詩下之𧥤。齒下之𠀀。肱下之厶。殄下之𣦹。笠下之互。箕下之𠀠。巘下之不。席下之𡰥。卤下之田。關下之閼。雲下之云。民下之𢀄。或謂從母聲。則非初文。糸下之8。絕下之𢇍。終下之𠔄。鋞下之𢀖。是其倒矣。其有存於金甲文而可補者。如衡下曰。牛觸橫大木其角。進鶴壽曰。大木不得橫於角。其角二字衍文。非也。此乃由不知人大一字者所謬乙耳。牛於道中觸人。橫木其角以告人。故從角從大從行。告為衡後起字。從牛口聲。甲文作。則其初文矣。謝下曰。辭去也。甲文有諸文。羅振玉以從兩手持席。知者。祭義。七十杖於朝。君問則席。注。為之布席堂上而與之言。然臣於君前不敢當坐禮。故持席而謝也。是為初文謝字。逃下曰。亡也。甲文有諸文。羅振玉以為逃字是也。或相從而逃。或相北而遁。故從二人相從於道。或從二人相北於道。是為逃之初文也。育下曰。養子使作善也。甲文有諸文。王國維以為即育字。象產子之形。從女。從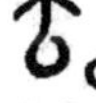。八則產時之有水液也。然則此為初文育字。今衛為會意兼聲。謝逃育皆為形聲矣。謝逃或亦形譌。

古書通用同聲假借之字說文有其本字或流俗用字說文有其本字

自錢大昕明經典用字非其本義者。說文有其本字。陳壽祺辟傳均周學濂承培元俞先生皆各有所舉矣。然如錢坫以炑為原委之委本字。黃生以閏為玉潤之潤本字。章敦彝以蕼為架閣之架本字。固亦塙然不易之見也。若冀下曰。北方州也。此失其本義也。冀從北當作從𠔁。從𠔁。異聲。此異同之異本字。今異下曰。分也。即冀字訓而誤在異下。莊子曰。本身而異形。尊知而火馳。孫詒讓以火為𠔁譌。是也。形借為行。異行𠔁馳對文。則由異為冀。冀省。或借異為冀。而冀從𠔁可證矣。㸚下曰。二爻也。爻下曰。交也。倫謂二爻非本義。當訓𤕟也。秝下曰。稀疏適秝也。稀下曰。疏也。然稀從希而許書奪希字。倫謂㸚為稀疏之本字。希從巾。㸚省聲。㸚訓𤕟也。故爾字從㸚。說解曰。從冂。今誤作從冂。從㸚。其孔㸚。司下曰。臣司事於外者。倫謂司字形似反后。許以后為君后之名。故司下遂有此訓。其實宋以來官署有名司者。與寺同義。乃以雙聲通借。正當作庤。司從県乚。從口。県乚中物於口中。此今所謂飼也。司即飼之本字。可下曰。肯也。肯者。箸骨肉也。此以雙聲為訓。而可即肯否之本字。丙下曰。不見也。象壅蔽之形。倫謂此壅蔽擁護之本字。從兩人相抱。广下曰。因广為屋。錢坫謂即今庵字。是也。倫謂庵字始見釋名。古書通以軒代广。公羊定十二年傳注。軒城者。缺南面以受過也。周禮小胥王宮縣。諸侯軒縣。注。軒縣。去南面辟王也。又鄭司農注宮縣四面縣。軒縣。去其一面。倫按營從宮。訓市居。金文宮字作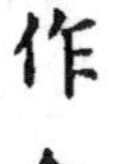。中從二口。明宮四面有垣蔽。故訓室也。故樂四面縣曰宮縣。諸侯去其一面曰軒縣者。广三面有序。後漢書。親入庵廬巡視將士。錢坫謂廬當作𢊍。𢊍廡也。然則广𢊍相似。皆缺一面。今屋以軒名者。皆前無蔽。即广之制。广篆作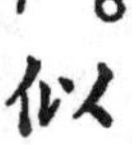。似而缺一面。是即其形可知也。古以軒代广者。軒虛言切。广魚儉切。軒之收音與广之送音雙聲。許書軒下曰。曲輈藩車。左閔二年傳。鶴有乘軒者。服

注。車有藩曰軒。然則車三面有藩而缺其前者形似广。故名軒也。而軒㢋庵㢋之本字。則當作广。广讀若儼。今字遂於广下加奄為聲耳。毀為豐穰之本字。知者。齊侯壺喪字作。從亡。毀聲。甲文毀作諸文象禾多穗。眾口驚異。衛宏古文官書曰。毀即穰字。穰者。穰之譌字。宏謂古文以毀為豐穰字。其實正豐穰之本字也。父下曰。矩也。家長率教者。羅振玉據甲文以為父象持炬形。余謂矩也之矩。本借為炬。許慎誤以為規矩字耳。父訓炬也。以今釋古。甲文変字作。從又持炬在宀中。古者日入而息。於夜中有所索取。然後然炬。故変從持炬在宀中。即父字。省之作。從又持丨。丨與主中之丨同。象火丨也。父音奉紐。小孩呼其所生之男者。其音似之。故借以為父母之父。音變則又作爹作爸矣。丑下曰。紐也。余謂丑為扭

之本字。從又有所扭。古無扭字。借紐為扭。猶借矩為炬矣。以紐釋丑。亦以今釋古也。五為交互本字。故古文作乂。以為籌數之義所專。故借互為五。莊子曰。其書五車。猶用本字。千十者。阡陌之本字。知者。十下曰。數之具也。一為東西。丨為南北。則四方中央備矣。余按十部亦如一部。所屬諸文。如丈𠦃廿者。從籌數之十。千博者。從陌之本字作十者。故知數之具也。此釋籌數之十也。金甲文籌數之十作丨作丨。是一為東西丨為南北。以之說籌數之十為不相應。田下曰。象四囗十。阡陌之形也。則一為東西丨為南北者。乃釋陌之本字作十者也。今以小篆籌數之十。形與陌之本字作十者同。遂掍而為一矣。知十為陌之本字。不徒田下說解可證。晦之或體作畮。從籌數之十無義。明從陌之本字作十者也。博下曰。大通也。周禮小司徒注引司馬法曰。

井十為通。許書通下曰。達也。莊子則陽篇曰。而反在通達之國。蓋通達皆道路之詞。大通謂大道。博訓大通。其義由阡陌生矣。亦其證也。古亦疑為道路之路初文。從十。口聲。至陳漢章謂古井田有畛徑道路。無阡陌。阡陌秦制。田字。口象甿畔回帀。十象畎澮從橫。不悟井田周季已不行。秦始一廢之而用阡陌耳。用阡陌者。但廢方里而井。任地形而阡陌之。非始作也。且畛下曰。井田閒陌也。尤可證井田中有阡陌。畷下曰。兩陌閒道也。甿下曰。趙魏謂陌為甿。高誘淮南注亦曰。常山人謂陌為亢。甿即陌之或體。魚陽對轉。今甿下曰。境也。一曰。陌也。其實境也是引申義。字皆見於秦前典籍中。故知阡陌不始於秦。而十為陌之本字致塙矣。千從陌之本字作十者。人聲。借為籌數之名。佰下曰。鄉也。余謂此即史記項羽本紀馬童面之之面。倗下曰。輔也。即論語朋友信之之朋。彼皆省人旁耳。好下曰。美也。此即絕妙好辭之妙。玄妙字乃杪秒之借。彰下曰。飾也。靖下曰。一曰細貌。倫謂細貌當作細文貌。乃彰字義。許書㣎次彰下。訓細文貌。蓋彰㣎一義。彰㣎即靜穆之本字。至如方言所用。其有本字。如章炳麟所舉。夥矣。余謂𣦟下曰。岠也。即今語支撐之撐。委下曰。隨也。即阿附之阿。般下曰。辟也。即吳縣謂旋舟曰扳梢之扳。頣下曰。頰後也。即吳縣謂擊人頰曰敲俔廣之廣。耿下曰。耳著頰也。即頣字義。杜林說光也。乃耿字本義。𡨄下曰。突前也。即杭縣謂為事不詳審徑前曰莽撞之莽。丸下曰。圜傾側而轉者。即杭縣謂兒戲曰丸之丸。覶下曰。暫見也。即杭縣語匹面相衝之匹。瀙下曰。冷寒也。即杭縣語冷清清之清。𢹿下曰。并持也。即杭縣謂持物曰單之單。𥪕下曰。磊𥪕。重聚貌。即杭縣謂事繁重曰類遂之遂。媨下曰。醜也。即杭縣謂人始亢終卑或不豪爽曰酋胎兒之莤。盩下曰。引擊也。即宛平縣謂擊人曰奏人之奏。煅下曰。下擊上也。即宛平縣謂有所禁治人曰枕之枕。

說文說解羼亂奪譌

許書說解之譌。由傳寫所致者易正。若羼亂奪失則意義譌遷。其害非淺。以余攻治。則凡說解之迂詭繁冗者。必有羼譌。殆如定律。徒或由許君已不得其義。故說有所不能申。或由許說奪失。後人補足。則不能盡證。如帝下古文諸丄字皆從一。篆文皆從二。二古文上字。辛示辰龍童音章皆從古文丄。㯉宗周鐘虢叔鐘毛公鼎及甲文上字皆作二。無作丄者。秦詔版刻石作丄。是段玉裁改丄為二。誠不可非。徒改上為丄。則無據矣。帝字獨帝降矛作帝。從丄。其器真僞不可知。若從金甲文之多者證之。有從二從一者。無從丄者。許書從上之字亦多從二。無作丄者。可證竟無丄字。今帝古文帝下曰二。古文上字。由妄人改二為丄而見帝帝皆不從丄。辛辰示龍諸文亦皆從二乃補之耳。使丄為古文上字而帝不從丄。從二。當先有以明之矣。二為古文上。而帝下曰古文帝者。此由倉頡篇中用帝字。壁中書用帝字。故小篆從二之字古文從一。如𡗕[illegible][illegible]諸文皆其證。二下不別出古文作一者。壁中書無作一者。許不能強增也。以此言之。嚴可均以古文諸丄字已下皆後人校語。論致塙矣。王下曰。天下所歸往也。董仲舒曰。古之造文者。三畫而連其中謂之王。三者。天地人也。而參通之者。王也。孔子曰。一貫三為王。鄭樵黃生以為王不從一貫三。從土。其義當曰盛也。吳大澂據金文作王王。從二從𡴀。𡴀古火字。地中有火。其氣盛也。倫謂吳以丄為古火字。是也。從古文上。從初文火。即睢之初文。然則此由許君不得王字所從。不知其義。故引董仲舒孔子說以為解。然引孔子說無考。王應麟以為緯書所載。或是也。而載在董仲舒說下。豈後人所增益也。閏下曰。餘分之月。五歲再閏。告朔之禮。天子居宗廟。閏月居門中。從王在門中。周禮曰。閏月。王居門中終月也。黃生曰。閏月居門。因字形與禮文偶合。故俗儒傅會為說。且置閏始於黃帝。何因得有王稱。當從玉門聲。玉之溫潤也。倫謂黃說是也。亦許不知其義而附會禮文。又以鄭司農周禮注曰。月令十二月分在青陽明堂總章元堂左右个之位。惟閏月無所居。居于門。故于文王在門謂之閏。故曰。從王在門中。然禮注曰。王在門無中字。玉篇引許文。周禮曰。閏月。詔王居門終月。與今周禮合。則今說解亦經後人竄改矣。皇下曰。大也。從自。

自。始也。始皇者。三皇。大君也。自讀若鼻。今俗以始生子為鼻子。倫按依金文皇字無從自者。秦以辠字似皇。乃以罪為辠。然秦權皇帝盡兼并天下字從白。金文秦公敦亦作[皇字古文]。他鼎敦作[皇字古文]皆日光之白字。非白亦自字之白。皇者。煌之初文。從白。王聲。詩烈文繼序其皇之。楚茨先祖是皇。采芑朱芾斯皇。皆光輝之義。即皇之本義。又皇即光之異文。光從火。羊聲。虢季子白盤光作[光字古文]。師酉敦敬字作[古文]。僕兒鐘敬字作[古文]。其芍字皆[古文]之變。盂鼎敬字作[古文]。尤與虢盤光下形同。可證也。今許書光下曰。明也。從火在人上。光明意也。說殊迂詭。人即由𠆢而譌。壁中書光字作[古文]。其為從火羊聲尤明。蓋𦍌即羊之最初文。古文光作[古文]。傳寫誤連其兩角之閒耳。革字亦然。以此相明。今皇下說解非其本義。又韻會引從自下有王字。又以三皇大君為徐鍇說而不及始皇者以下。錢坫疑併皆鍇說。為鉉誤入。則今說解有非許文矣。物下曰。萬物也。牛為大物。天地之數。起於牽牛。故從牛。勿聲。朱駿聲曰。商時冬至。日躔牽牛。今時冬至日在箕。上溯倉頡時當在危。此義牽合。許槤曰。漢時歷數起牽牛。非可以律上下千古。明堯典中星者自有算。倫按甲文有曰。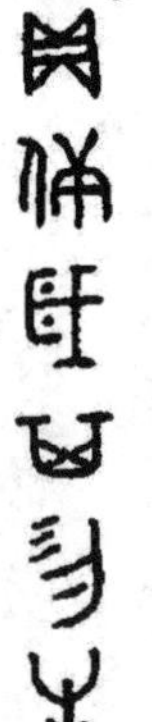。又曰。。詳義謂卜於某日殺牛也。又有作者。倫謂此即今物字。乃合二形。謂解牛之事。上世祀為大事。解牛又祀事之大者也。故物從刀牛。則刀上所霑之血。與利之古文作。制之古文作同意。物字之義當曰事也。而今說解非矣。又許於形聲字皆曰從某。某聲。無上加故字者。廣韻引又無聲字。或許說奪失而為後人羼譌邪。名下曰。自命也。

從口。從夕。夕者。冥也。冥不相見。故以口自名。倫按黃生張文虎謝彥華皆疑其字。倫謂夕月一字。月夕二部之字。惟夢有不明之訓。蓋夢即朦之本字。謂有月而朦朧耳。夫有月則能相見。今曰夕者。冥也。冥不相見。故以口自名。義不得成。故張文虎疑非許文。檢許書無從名得義或得聲之字。金文中亦罕見。甲文有字。羅振玉釋為名。倫謂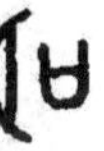乃明字。而名明實一字也。明從月囧。古文作。從日。甲文亦有作者。然囧者窗牖。向訓北出牖。從宀中有口。口即牖也。口囧徒為彫樸之殊耳。向甲文作。非口舌字。則之口亦非口舌字。蓋囧日口其形雖殊。皆象窗牖。名姓之名即命字。然則名下說解或有羼譌矣。各下曰。異辭也。從口夊。夊者。有行而止之。不相聽也。徐灝謂各為來格字。故從夊。謝彥華謂路之初文。從夊。口聲。石鼓文大車出

各是也。王煦以為從口。夊聲。倫謂各為咢異文。從口從県止。甲文作□□。金文作□□。可證。與咢從吅從県大。正同。咢從吅從屰者。見人県植。故驚吅。故咢訓譁訟也。各訓異辭也。異辭謂驚異之辭。義亦正同也。是各下說解有羼譌矣。他若徐鍇以耿下凡字皆左形右聲杜林說非也為後人所加。況祥麟以對下漢文帝以下為非許語。鄧廷楨以嶲下一曰望帝以下為非許語。張文虎以晨下辰時也及丮夕為俎以下十一字為後人所增。莊述祖以羌下南方以下為後人所加。錢坫據廣韻證禿下蒼頡以下出文字音義。未知其審又校者之辭。朱駿聲謂咸為鹹之初文是也。以大小徐本互勘。知咸下說解且有小徐之辭矣。顧廣圻據玉篇證絫為厽重文。朱駿聲據許記文十二重一。證絫為厽之籀文。則二厽也必為後人羼入矣。章敦彝謂稬下沛國謂稻曰稬。稬當作稌。此六字當在稌下。孫詒讓謂臑下臂羊矢也。羊矢乃美肉之譌。錢坫據韻會及繫傳證選下一曰選擇也。爲小徐語。又謂昒下一曰旦明也。旦明是昒字義。此似後人加之。姚文田謂羒下曰。牂羊也。牂下曰。牡羊也。以初學記引羒。牡羊也。牂。牝羊也。爾雅羊。牡羒。牝牂。詩苕之華傳牂。牝羊。知大小徐本皆誤。又謂兩漢志蕩陰屬河内郡。以蕩水得名。唐貞觀元年始改名湯陰。羑下曰。文王拘羑里在湯陰。此後人妄改。王煦章敦彝謂許書從差之字多皆籀文。差下籀文差從二。當從二左。有奪誤。姚文田錢坫謂𩣡下曰。逸周書曰。𩣡疑沮事。逸周書文酌解作聚疑沮事。玉篇引作𩣡疑沮事。今二徐本皆闕𩣡字。當依補。段玉裁據文選魏都賦注贈劉琨詩注引證⿰龺余下奪一曰本也四字。姚文田桂馥謂弁下曰。從廾肉。肉下脫聲字。王鳴盛謂墫下曰。舞也。舞上奪士字。洪頤煊謂餗下鋪旋促也。鋪為飾之譌字。旋亦促之譌衍。錢坫謂偲下彊力也。詩釋文引作強也。此彊力二字當是勥字誤分。王煦謂侊下春秋國語曰。侊飯不及一餐。越語作侊飯不及壺飧。玉篇引亦作壺。此由壺誤為壹。又誤為一。何治運謂仚即僊字。今說解曰。人在山上皃。後人所改。如此者。諸家所舉不勝屈指數。以余所得。如趹下曰。馬行貌。證以唐寫本切韻作馬疾行也。莊子逍遙遊我決起而飛。齊物論麋鹿見之決驟。決皆趹之借。義並為疾行。此即今快慢之快本字。今說解行上奪疾字耳。知下曰。詞也。從口從矢。倫按從矢無義。韻會引作從口。矢聲。韻會多據小徐本。小徐本作從口 矢。蓋今本奪聲字。在下曰。存也。從土。才聲。小徐本才聲下有此與坐同意五字。大徐本在下無此五字。而坐下有此與畱同意五字。小徐本又無此五字。倫按畱下曰。從田。丣聲。坐下曰。從畱省。坐既從畱省。不必復言與畱同意。是此與畱同意五字。實在下之辭。欲明從土之義。後人見坐畱形近。而在畱之形不近。乃改坐為畱。遂之坐下耳。然存在一字。故在訓存也。存下曰。恤問也。從土無恤問之義。倫謂在從𠫓才聲。𠫓者子順忽出也。今本子誤作不。象子生㐬出首向下形。故𠫓下曰。從倒子。楊桓沙木皆以為育之初文。在從𠫓者。育為危事。故恤問之。今俗猶然。㐬子傳寫誤成土字。金文子有作[illegible]者。㐬之為[illegible]。政齊之遂成土矣。故成在也。又以便為書寫易𠫓為子。遂成存字。猶孛從𣎵𠫓聲。今易𠫓為子。正其證也。土字既譌。與埾同意之說不成矣。䘵下曰。快也。以論語億則屢中證之。快當為快。快下曰。早知也。

說文說解以別義為本義

許書指在明文字之本義。然以別義為本義者誠多。有以別義為本義而本義尚存者。如元。始也。元兀一字。始義由人生首最先見而引申。非本義。然本義猶存於兀下也。帝。諦也。帝為蒂之本字。諦者。審也。乃禘字義。禘。諦祭也。禮家皆言禘祭者。審諦昭穆也。是其證。王為暀之初文。其本義猶在暀下。今王訓天下所歸往。則由借王為帝王字而生之義。皇為光之別體。亦煌之初文。其本義猶在光下煌下。今訓大者。由日光所照無所不至而引申也。止為趾之本字。今訓下基者。由人立則足為基。此引申義也。是為正之異文。正為射⿰土韋。禮中庸注所謂畫布曰正也。是象正上有幖幟以為射之⿰土韋。毛公鼎作[illegible]。陳公子甗作[illegible]。並象矢箸正上。今訓直者。射不直不能中。亦引申義也。行者。金文多作。甲文作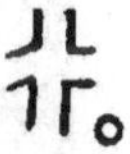。楊桓以為象道形。中空者。人所由也。羅振玉亦據壺字從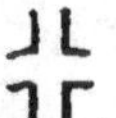。象宮中道證知行即道路。倫按呂氏春秋下賢篇。桃李之垂於行者。莫之援也。錐刀之遺於道者。莫之舉也。行道對文。亦行即道路之證。今訓人之步趨也。亦引申義。或之字為所字之譌。册象簡册之形。今訓符命者。由有官守者所受命書於册也。亦引申義。丞甲文作。羅振玉以為拼之初文。倫謂拼振一字。振下曰。舉救也。是丞之本義。人臽從而救之。故從両手舉人於凵中。今訓翊者。翊借為掖。今言扶掖。亦引申義。戴者。異之後起字。亦負戴本字。今訓分物得增益曰戴。由戴物於首。有所增益。而生此義。為者。宗婦盤作。召伯敦作。甲文作。羅振玉謂古者役象以助勞。故為從象。倫謂為為偽之初文。今偽下曰。詐也。此譌字義。爾雅釋言。

造作。為也。詩鳧鷖。福祿來為。箋。為猶助也。論語。夫子為衛君乎。鄭注。為。助也。此為之本義。今訓母猴者。陳立以為母猴猶沐猴獼猴。母猴沐猴獼猴又猴之長言。倫謂母猴為蝯字義。為蝯喻紐雙聲。古或借為為蝯。因以蝯義為為義。左昭二十五年傳公為即公叔務人。禮記檀弓作公叔禺人。許書蝯善援。禺屬。禺母猴屬。是其證。江沅以檀弓證為之本義是母猴。非是。卑為椑之初文。今訓賤者。顊之引申義。寸者。肘之初文。今訓十分者。借寸為尺寸字之義。非本義也。寺者。侍之初文。今訓廷者。乃庤之引申義。將者。張文虎以為牂之重文。變手為寽。寽即肘字。牂訓扶也。今杭縣猶謂扶為牂。今訓帥者。帥借為達。乃借將為將達之將。而因以假借字之義為本義矣。敦下曰。怒也。詆也。倫謂怒者。憝字之義。許書次憝於怒下慍上。慍訓怒也。又怒怨並訓恚也。

以此相證。愍是憖義無疑矣。詆也者。即借敦為詆。端紐雙聲也。敦從攴𦎫聲。攴者。擊也。則敦必有擊義。莊子說劍篇使士敦劍。此本義之可尋者也。⿰堯攴⿱殸冏田也。段玉裁謂⿱殸冏田也本作⿱殸手也。一譌為⿱殸冏。再譌又衍田字。鈕樹玉謂廣韻引蒼頡篇曰。⿰堯攴。擊也。玉篇曰。⿰堯攴。擊也。是⿰堯攴之本義為⿱殸手。或為擊。今訓⿱殸冏田。朱駿聲以為由古書借⿰堯攴為磽。因以磽之訓訓之也。倫按磽下曰。磬石也。⿱殸冏田蓋磬石之譌耳。用為墉之初文。庸亦用之後起字。從用。庚聲。今訓可施行者。𩫖之引申義。古書借用為𩫖。因以𩫖之引申義訓用矣。爽。明也。倫按昧下曰。昧爽。旦明也。是爽即昧爽字。然免敦昧爽字作。穴敦作。其為從日毀聲無疑。毀甲文作也。爽亦毀之譌。許書當去爽字而增㬙字於日部。明也之義。即㬙字訓也。奭。盛也。錢坫據詩。路車有奭。傳曰。奭。赤貌。

爾雅赫赫。盛也。舍人本赫作奭。史記兩宮螫將軍。漢書螫作奭。證奭赫一字。羅振玉謂甲文有⿻大炏字。方言。焃赫也。廣雅釋器。焃。赤也。焃即爽之寫法略殊。是漢魏閒尚有爽字。奭即爽之譌。爾雅釋訓。奭奭釋文。本亦作赫赫。是奭赫一字。倫謂赫下曰。火赤貌。當作火大貌。即赤之本義。赫亦赤之重文。今赤赫奭分為三字。然奭下曰。讀若郝。郝從赤聲。是奭赤聲同。由奭赤本一字也。赤下曰。南方色也。南方色者。由南方向日。日光與火同。其實與奭訓盛者。皆火大之引申義。青東方色也。倫謂青從丹。生聲。乃靜之初文。亦彩之本字。靜下曰。宷也。當作采也。東方色者。由辨明時色在赤黑之閒。日出東方。故得此義。亦非本訓。圖。畫計難也。倫謂圖即鄙之異文。從口與從邑同。猶邦古文作⿱㞷田。從田矣。今田賦冊籍有都圖。即都鄙也。鄙下曰。五酇為鄙。酇下曰。

百家為鄭。則畫計難者非本義。謀下曰。慮難曰謀。謀鄙同屬脣音。蓋古借圖為謀。因以謀字之義訓圖矣。因。就也。倫謂因即囚之異文。公羊昭二十一年傳。若曰因諸者然。何注曰。因諸。齊故刑人之地。博物志曰。周曰囹圄。齊曰因諸。諸借為圄。因諸即囹圄。則因囚為一字明矣。因訓就者。由就音從紐。因音邪紐。同為齒音。本是囚訓。今分為二字。故囚下訓繫矣。然就以雙聲為訓。非本義。圅。舌也。倫按圅為矢人豈不仁於圅人哉之圅。當訓矢韜也。或言矢箙也。今訓舌者。肣字義也。肣為圅重文而實非一字也。朩。分枲莖皮也。倫謂朩即𣏟之初文。猶屮之於艸也。𣏟下曰。葩之總名也。象形。則朩安得為分枲莖皮也。枲從朩而訓麻子。麻當作𣏟。檾從𣏟而訓枲屬。亦可證朩𣏟之為一字。今訓分枲莖皮者。古謂分枲莖皮即曰朩。今杭縣語分𣏟猶曰劈麻。而實當作八字。𣏟即枲麻之麻。今誤以麻為𣏟。麻從广𣏟聲。𣏟本不勝末微弱也。倫謂𣏟即𠂢之重文。𠂢下曰。𣏟也。是𠂢𣏟非二字矣。由𠂢體重隊。故有本不勝末微弱之訓。乃引申義耳。罷遣有辠也。從网能。言有賢能而入网。即貰遣之。倫按賢能者借為臤忍。且网為結繩以漁之器。賢能入网。說已迂詭。貰而遣之雖託於周禮議能之辟。然周禮八議。非獨議能。何獨罷字從能。故知罷實羆之初文。遣有辠者。後世名之曰貶。同脣音也。比密也。倫謂比從二人。當訓相與比敘也。密也乃毖字義。毖即君子周而不比之比本字。以密訓毖。雙聲之故。毖下曰。慎也。則謐字義。殷作樂之盛稱殷。從㐆從殳。俞先生謂從殳㐆聲。當入殳部。訓擊聲也。廣雅釋詁。磤與殷並訓聲。磤即殷之或體。是其證。然則作樂之盛稱殷者。樂以鼓鼙為主。鼓鼙之聲如雷。詩曰。殷其雷。

或以此也。亦引申義。鬼人所歸為鬼。倫謂鬼畏一字。畏下曰。惡也。惡也當作亞也。亞者。醜也。知醜之從鬼。而畏之訓亞。則非人死為鬼矣。魑魅魍魎字皆從鬼。山海經所敘異物。字亦從鬼者多。蓋始所謂鬼者。物狀介乎人獸之間者。故鬼從人而銳首。許書鬽之籀文作[古文字]。明銳首被毛而人形者矣。以其類似不可微辨。故雖數百年而見之。猶以為未死。則曰老物精。以其非獸而視人則醜。故謂之曰鬼。鬼者。醜之初文。甲文有[古文字][古文字][古文字]諸文。羅振玉釋鬼。並不從厶。又有[古文字][古文字][古文字][古文字]諸文。羅釋為畏。諭以盂鼎畏天畏作[古文字][古文字]。毛公鼎敃天疾畏作[古文字]。殊不誣也。倫謂許書謂鬼從厶者。乃由卜而變。卜者。攴之省。梁伯戈鬼方蠻字作[古文字]。即不省。[古文字][古文字]亦均不省者也。然則[古文字][古文字]亦由[古文字][古文字]而變。非從虎省。鬼畏一字。不待復證矣。畏字非屬形聲。而可畏之義。不可虛構其字。故借鬼為畏懼之字。
由此言之。畏之訓惡。實鬼本義。人所歸者。由借鬼為人死者之
稱。復以精氣歸天肉歸於土血歸於水脈歸於澤動作歸於風
聲歸於雷眼歸於日月骨歸於木筋歸於山齒歸於石膏歸於
露呼吸之氣復歸於人之說附之成義耳。長。久遠也。俞先生謂
當訓艸木茲長也。羅振玉亦以金文作甲文作。
證為茲長義。蓋象艸根在地下而莖葉長生。此長短之長所由
得義。久遠則引申義矣。此以別義為本義而本義尚存者也。若
以別義為本義而本義遂亡者。歲。木星也。越歷二十八宿宣徧
陰陽。十二月一次。從步。戌聲。律歷書名五星為五步。倫謂因律
歷言推步而歲因從步既鑿因推步至木星而謂之歲星。其非
本義尤明。此其本義蓋亡矣。器。皿也。象器之口。犬所以守之爾

雅釋器釋文引作皿也。飲食之器。從犬。從㗊聲也。沈濤謂許書言象形者。本無其字。㗊乃部首。且有四口。不得象器之口。蓋從犬。㗊聲。倫謂㗊下曰讀若戢。則器自從㗊得聲。古借以為器皿字。故訓為皿也。其本義亡矣。丈。十尺也。從又持十。倫謂從又持十。不見十尺之義。十尺為丈。其字不用形聲。亦不可虛搆。自是借為十尺之字。故訓十尺。其本義亡矣。或謂丈為杖之初文。從又持丨。丨與初文十字作丨者同。因譌耳。晨早昧爽也。戴侗謂臼為日譌。倫謂昧爽為曟字義。曟下曰。房星。為民田時者。從晶。辰聲。按晶為星之初文。昧爽之時。星將落而猶存。日欲出而未升。故曟從晶。或從日。晶省也。晨者農字所從得義。其為從臼無疑。蓋從匕彡。辰聲。其本義亡矣。反。覆也。從又厂。反形。孔廣居以為從又。厂聲。倫謂覆也乃覂字之訓。古書通借反為覂。非紐雙聲也。反當如孔說從又厂聲。其本義亡矣。羿。羽之羿風。亦古諸侯也。一曰射師。倫按以羽之羿風說羿。既不能使人瞭於羿之義。且古書無證。錢坫以為羿𢏚一字。不然。則其本義亡矣。閺。低目視也。倫按低目視者。瞀字或䁅字義。䁅下曰。低目視也。瞀下曰。氐目謹視也。閺䁅音同微紐。瞀則重脣明紐。䁅瞀一字。閺之本義亡矣。夐。大視也。讀若齹。倫謂夐音況晚切。則從旻得聲。孔廣居所謂同紐諧聲也。從大。旻聲。無大視義。蓋大視乃矆字義。矆下曰。大視也。夐矆音同曉紐。古蓋借夐為矆。因以矆訓為夐訓。又或大視當為大目。乃睅字義。夐睅並音況晚反也。其本義亡矣。雋。肥肉也。從弓所以射隹。倫謂肥肉者。臇之訓也。臇下曰。臛也。乃膹之義。膹下曰。切孰肉內於血中和也。讀若遜。臛下曰。肉羹也。此義之可證者也。古遜巽字通。若以遜為弜是臇。或從火

⿰火巽聲作⿰火巽。故錢坫以䐜為即⿰月巽字。此聲之可證者也。然則雋之本義亡矣。叀專小謹也。倫按戴侗引無小字。倫謂當作叀叀謹也。此䪻字義也。䪻下曰。頭䪻䪻謹貌。古借叀為䪻。因以䪻義訓叀。而叀之本義亡矣。舒。伸也。倫按伸也者。猶言舒服。此䟽字義。䟽下曰。通也。從㐬。疋聲。子生而毋得䟽也。此舒服本字。舒從舍予聲。義當屬於舍。而今亡矣。或謂舒從予。舍聲。非是。舒下一曰。舒緩也。即紓字義。紓從糸予聲也。衋傷痛也。讀若僖。倫按衋從血聿無義。當是從血。奭聲。奭赫一字。赫衋音同曉紐。痛傷也者。此譆字義。譆下曰。痛聲也。衋讀若僖。故即借為譆。因以譆訓為衋義而衋之本義亡矣。刱。造法刱業也。從井。刅聲。讀若創。徐灝謂從井無義。井可訓法。而非所以為法也。倫謂刱從刅。井聲。許謂讀若創。創從倉得聲。倉聲清紐。井聲精紐。音最近也。井象形字。訓井為法者。古借井為型耳。然則刱始字乃假借。而刱從刅。必有傷義而今亡矣。矤況也。詞也。從矢。引省聲。從矢取詞之所之如矢也。徐灝謂矤從矢從引。其本義蓋謂引弓。今為語詞所專而本義失矣。從矢取詞之所之如矢也十字疑後人所增。倫謂知詞也。從口。矢聲。聲字依韻會補。則矤下從矢取詞之所之如矢十字。信非許文。王筠謂上已從矢。此不當再言。知此為後人箋記。亦塙。然則況也詞也非矤之本義。疑矤篆當作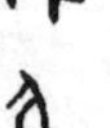。即射字。或如許說從矢引省聲。其義亡矣。隺高至也。從隹上欲出冂。倫謂隺從冂。霍省聲。其義亡矣。高至者。附會鶴鳴於九皋之意。非本訓也。覃長味也。倫按長味者。覃字之義。覃下曰。含深也。覃蓋從鹵。㫗聲。其本義亡矣。夏中國之人也。從夊從頁從臼。臼兩手。夊兩足也。倫按戴侗謂夏為舞名。象舞之容。倫以古文

夏作⿱侖足。審之。從止。會聲。會夏音皆匣紐也。則與舞之古文作
⿱羽足者同。戴說或是。不然。其本義亡矣。中國之人者。夷狄因中國
夏時最盛。謂中國為夏人。猶漢時匈奴謂中國人為秦人耳。必
非本義也。東。動也。倫按林義光謂東束雙聲。東束一字。未知其
審。然動也者以疊韻為訓。必非本義。其本義亡矣。夃。秦以市買
多得為夃。倫謂夃從夂。乃聲。乃古音奴等切也。其本義亡矣。秦
以市買多得為夃。此方語借其音。從夂乃或從夂乃聲均無市
買多得之義也。𣞤。豐也。倫謂豐也乃蕪字或橆字義。同脣音也。
蕪下曰。薉也。荒下曰。蕪也。一曰。艸淹地也。橆下曰。木盛也。𣞤者。
從大。從古文某聲。某下曰。槑古文某。孟鼎𣞤字作⿱亼𣞤。善夫克
鼎作⿱亼𣞤。都公鼎作⿱亼𣞤。均其證。槑𣞤聲並脣音。亦可證也。然
則其本義亡矣。帀。周也。師。二千五百人為師。倫謂周也乃匌字

義。訇帀疊韻。古書借帀為訇。故以周訓帀。而帀之本義亡矣。帀之本義雖不可知。而字從反之則二十五百人為師。必非本義也。叟傾覆也。倫謂傾覆亦覂之字義也。許引杜林說以為貶損之貶。貶從貝。乏聲。是壁中書借叟為貶。以音同覂。而傾覆之為覂義尤可證矣。叟從兩手。不從巢省。父聲。故亦脣音。其本義亡矣。昪。喜樂貌。江沅以為此般樂字。徐灝以為從日義未詳。集韻曰。昪或作忭。錢坫以為即忭字。倫按許書無忭。古言懽忭者。疊韻連語。蓋喜樂之訓。即懽字義。昪從日而義亡矣。疊。楊雄說。以為古理官決罪。三日得其宜。乃行之。王筠徐灝均以周禮小司寇聽訟獄至於旬。乃蔽之。折楊雄說為非是。倫謂容庚謂宜俎一字。俎音照紐。古讀照紐歸端。則疊從晶宜聲。詩其邁。莫不震疊。借疊為慴。慴音照紐。是以雙聲通假。亦疊從宜聲之證。疊從晶而義亡矣。𡖅。厚脣貌。倫謂多從重夕。夕月一字。重月為多。蓋即閏月之本字。多音端紐。閏音日紐。日紐為半齒音。古讀歸泥。與端同為舌頭音也。𡖅訓厚脣貌。從多無義。又𡖅音陟加切。在知紐。古讀知歸端。是𡖅從尚多聲。厚脣貌者。疑哆字義。哆下曰。張口也。廣韻𡖅脣下垂貌。哆下脣垂貌。今論下脣垂者。其脣多厚。而口自張。則張口為引申義耳。借𡖅為哆。即以哆義訓𡖅。其本義亡矣。稛。絭束也。倫按絭束不當從禾。蓋絭束乃橐字義。稛之本義亡矣。疑為囷之俗字。囷即今屯積字。故次積秩下。麻。與𣏟同。人所治。在屋下。倫按小徐本與𣏟同上有枲也二字。許書無說解而言與某同例。則此解有譌。倫謂枲也即𣏟字義。麻蓋從广。𣏟聲。失其本義矣。宣。天子宣室也。倫按宣室之名。雖見淮南本經訓。商時已有之。而說解似據文帝方受釐坐宣室為訓。則非本義。朱駿聲以為當訓大室。徐灝以為從亘之字皆有圜義。如壁謂之瑄。考工記半矩謂之宣。亦謂斧形圜曲處。蓋宣室亦是圜形。倫謂東方朔言。宣室者。先帝之正處。非法度之政。不得入焉。如淳曰。布政教之室。薛宣奏漢興以來。深考古義。推萬變之備。於是制宣室出入之儀。正輕重之罰。然則漢之宣室。如古明堂。明堂上圜。則宣室殆如徐說矣。然宀部諸文言室無詳其形者。宣之本義。蓋非可定。皠。鳥之白也。倫謂翯下曰。鳥白肥澤貌。詩曰。白鳥翯翯。孟子引詩作鶴鶴。賈誼引作皜皜。此明翯隺聲通。而皠從白隺聲也。從白。隺聲無鳥白義。由借皠為翯。而誤以翯訓為皠義矣。皠從日光之白。自有白義。而其訓亡矣。皚皅皦三字皆然。皦或敫之俗字。仕。學也。錢坫謂古者十五入學。四十乃仕。非以學訓仕。則仕之本義亡矣。僎。具也。錢坫據廣韻同遵此訓具似後人改之。倫按具也為巽字訓。僎之本義亡矣。僷。宋衛之閒謂華僷僷。倫按華僷僷者曄字義。音同喻紐。然方言曰。僷。容也。自關而西凡美容謂之奕。宋衛曰僷。詩魯頌。新廟奕奕。箋曰。奕奕。姣美也。則魯頌之奕即借為僷。許書僷次佳上。佳訓善也。疑僷本訓美也。今說解有奪譌。僝。具也。倫按僝顨同聲。顨巽一字。具也即巽字義。僝之本義亡矣。或即孱字。⿰丸咼。鷙鳥食已。吐其皮毛如丸也。倫按鷙鳥食已吐其皮毛如丸非本義。知者。丸從二人相傾仄。丸部⿰丸而下曰。丸之孰也。今杭縣謂小兒相嬉弄傾仄曰丸而。即此丸⿰丸而二字。丸之甚則曰⿰丸而。莊子以䏂合懽。䏂即⿰丸而之譌。義亦與杭語不殊。則⿰丸咼從丸不得有鳥食義。即謂古丸咼聲通。⿰丸咼從咼。丸聲。咼訓口戾不正。即今謂不正曰歪之本字。亦不得有鳥食義。是⿰丸咼之本義亡矣。獄。司空也。復說獄司空。錢坫謂漢有縣道官獄司空。以此為司字。嚴章福以為即伺字。然犾訓兩犬相齧也。無伺察義。獄之本義亡矣。獄确也。倫按獄确疊韻相訓。今以為繫辠人者。乃借為圄字。獄從犾。犾為二犬相齧。亦不得訟獄義。是其本義亡矣。或從言。犾聲。為訟獄之專字。借為圄圄之圄。或确也當作觸也。兩犬相觸。故從犾。夷。平也。東方之人也。倫按平也乃侇字義。東方之人亦非本訓。其義亡矣。疑與弔一字。規有法度也。倫按夫亦人字。從夫為有法度。決非本義。法度者。謂度圜之器。其字止作〇。許書與回帀之口牆垣之口混為一部。圓下曰。規也。圓從規。規矩之規。肙聲。可證也。朱駿聲謂規矩同原。規當從矢。倫檢金文矩皆從大或從夫。象人持巨。許書作榘。為巨之重文。矢亦當作夫。象人持巨鋸木也。是規從矢益為無義。其本義蓋亡矣。𢘅。泣下也。易曰。泣涕漣𢘅如。倫按泣涕連如。今易作漣。詩氓。泣涕漣漣。楚辭。泣下漣漣。字皆作漣。漣義為瀾。亦非泣下。泣下之字。許書失之。連從心連聲。無泣下義。其義亡矣。或為憐之雙聲轉注字。故次憐下。侃剛直也。倫按侃從川從古文信聲。其本義亡矣。剛直也者。古借侃為剛。剛訓強斷。引申有直義。因以直訓侃耳。與釆下訓辨別也同。寠。短面也。倫按短面者。頣字義。聲同脂類。古書借寠為頣。因以頣訓為寠義。寠之本義亡矣。娛量也。倫按量也乃揣字義。揣娛同為舌音。易朵頣。釋文。朵本亦作揣。是其證。我施身自謂也。倫按施身自謂者吾字義。吾我音同疑紐。我從戈從手。手或說古杀字。一曰古殺字。倫謂我古文作𢦐。甲文亦有𢦐字。金文我字亦同古文。其彡即㣵之省。㣵。古文杀字。手則㣵之譌變。是我從戈。杀聲。其義亡矣。孟子引書殺伐用張。今書殺作我。李賡芸謂我乃手之譌。手古文殺字。然手為殺字。不知所從。或我即古殺字。義。己之威儀也。倫按己之威儀者儀字義。儀下曰。度也。義從羊。我聲。其義亡矣。此皆以別義為本義而本義亡失者也。

說文說解以本義為別義

許書說解有以本義為別義者。如鼠下曰。或曰嘼名。是然僅此一舉。或或曰上尚有說解。今本奪耳。

說文說解本義別義互譌

許書說解中有以本義為別義而別義反為本義者。如禮下曰。履也。所以事神致福也。所以事神致福。是禮之本義。履禮則以雙聲為訓耳。禍下曰。害也。神不福也。神不福所以為害。此禍本義。害禍亦以雙聲為訓。此類者。猶謂義非絕異。許特重疊釋之。

若毒下曰。厚也。害人之艸。往往而生。章敦彝謂毒本害人艸之總名。今訓厚也者。乃因經傳借毒為篙。而篙訓厚。遂以篙訓入毒下矣。藉下曰。祭藉也。一曰。艸不編狼藉。倫按祭藉者蒩字義。以皆齒音。故古書借藉為蒩。一曰。艸不編狼藉是本義。識下曰。常也。一曰。知也。倫按常謂旗常。乃幟字義。一曰知也是本義。謐下曰。靜語也。一曰。無聲也。倫按靜語也玉篇作靜也。當從之。靜也乃侐字義。虞書惟刑之恤哉。史記五帝紀作靜哉。徐廣曰。今文作謐。是其證。無聲是本義。虞書四海遏密八音。莊子曰。密若無言。釋名寂。謐也。靜謐無聲也。並其證。謦失气言。一曰。不止也。倫按文選東都賦注史記項羽本紀衛將軍驃騎將軍傳索隱一切經音義一〇又一九引作失气也。當從之。桂馥依玉篇沈濤依選注等引謂言字當在一曰下。是也。失气者。乃懾字義。言

不止乃讋字本義。諯。數也。一曰相讓也。倫按諯字次於謫讓之
閒。相讓是本義。數也乃遄字義。競。彊語也。一曰。逐也。倫按王筠
謂競從从。不從二人。是也。人相從而競走。故義爲逐也。誩聲。彊
語即誩字義。古借競爲誩。故以誩義訓競矣。毅。妄怒也。一曰。有
決也。倫按有決是本義。經傳皆用此義。妄怒者。忍字義。忍下曰。
怒也。讀若顡。可證。眄。目偏合也。一曰。衺視也。倫按偏當依韻會
作偏。目偏合者。瞑字義。同脣音也。衺視是本義。方言。䁯睇睎略。
眄也。自關而西秦晉之閒曰眄。蒼頡篇。眄。旁視也。䍲。羣羊相積
也。一曰。黑羊。倫按羣羊相積也。此䅫字訓。音同影紐。黑羊是本
義。史記黫然黑色甚明。錢坫以爲即此字。廣雅釋器曰。䍲。黑也。
羼。羊相厠也。一曰。相出前也。倫按羊相厠是羴字義。相出前是
本義。故從羴在人後。契。齘契。刮也。一曰。契畫堅也。倫按畫。桂馥

謂當作劃。是也。畫堅是本義。契從刼。刼訓巧刼。與刻一字。古刼刻皆先骨甲。後乃用木。故契訓劃堅。荀子。鍥而不舍。借鍥為契。刮也者。即刮字義。契刮見紐雙聲。古借契為刮。因以刮訓契矣。丌。下基也。薦物之丌。倫按下基即基字義。古或借丌為基也。薦物之丌是本義。象形。典。五帝之書也。莊都說典。大册也。倫按大册是本義。五帝之書者。是因堯典舜典而生義。丩。相糾繚也。一曰。瓜瓠結丩起。倫按瓜瓠結丩起是本義。象形。相糾繚者。引申義也。𢀩。貳也。差不相值也。倫按𢀩從㐺。㐺象花葉㐺。有參差形。故𢀩訓不相值也。貳者。段玉裁以為當作貣。是也。貣又忒之借字。忒。㤳一字。㤳訓失當。當下曰。田相值也。𦸹下曰。艸。枝枝相值葉葉相當。則失當與不相值義合。蓋貳也者引申之義。夋。行夋夋也。一曰。倨也。倫按倨也當作踞也。此本義。踞下曰。蹲也。夋即蹲之初文。莊子外物篇音義引字林曰。踆古蹲字。山海經。有大人踆其上。郭注曰。踆古蹲字。踆者。夋之俗字。行夋夋者。徐灝謂夋夋猶逡巡。即逡字義。逡下曰。復也。復也當作得也。巡下曰。延行皃。是逡巡為徐行不進之義。麓守山林吏也。一曰。林屬於山為麓。倫按林屬於山為麓。是本義。守山林吏。是因守麓而名麓也。秦。伯益之後所封國。一曰。秦。禾名。孔廣居謂禾名是本義是也。宕過也。一曰。洞屋。張文虎謂洞屋是本義。是也。過也。蓋潒字義。㡆設色之工治絲湅者。一曰。㡆隔。倫按玉篇。㡆。幏也。㡆隔者。謂幏也。故從巾。今作幌字。此本義。設色之工治絲湅者。此考工記所謂㡆氏湅絲以涚水漚其絲。蓋㡆即釋名所謂潢染書也之潢。齊民要術曰。凡打紙欲生。生則堅厚。特宜入潢。許書潢下曰。積水池也。以治絲湅者為㡆氏。㡆借為潢耳。偕。彊也。一曰。俱也。倫按俱下曰。偕也。偕俱音同見紐。轉注。則俱是本義。彊疑為仡或倞字義也。倞下曰。彊也。仡下曰。勇壯也。詩北山。偕偕士子。傳曰。強壯貌。偕倞仡並淺喉音也。匕相與比敘也。匕亦所以取飯。一名柶。倫按柶是本義。相與比敘者比字義。𡈼善也。一曰。象物出地挺生也。容庚據甲文有字。證知象土上生物之形。倫按淫從水。㸒聲。㸒從爪。𡈼聲。管子內業篇曰。淫淫乎與我俱生也。呂氏春秋任地篇曰。子能使雚夷毋淫乎。高注。淫。延生也。是管呂並借淫為𡈼。𡈼之本義為物出地挺生。亦可證矣。屆。行不便也。一曰。極也。倫按艐下曰。船著沙不行也。此行不便即艐字義。極也。章炳麟以為極同殛。詩致天之屆。傳訓極。極亦即殛。謯屆同聲。猶曰致天之謯耳。倫謂詩借屆為謯。此極也。當作御也。御即勞勸為極之本字。屆從尸。尸象臥之形。則御也當是本義。厄科厄。木節也。一曰厄。蓋也。倫按蓋也上奪厀字。謂厄為厀蓋。故字從骨卩之卩。此本義也。木節似厀蓋。故以為木節之偁耳。騷下曰。擾也。一曰摩馬。倫按摩馬蓋本義。擾也乃慅字義。慅下曰。動也。嬗下曰。緩也。一曰。傳也。倫按一曰傳也是本義。緩也乃繟字義。古書亶單聲通。故借嬗為繟。因以繟義訓嬗矣。並其證也。

說文說解本別一義

許書說解有本義下復列別義。而實即一義者。如哤下曰。哤異之言。一曰雜語。倫按雜語與哤異之言非有二義。趞下曰。趬趞也。一曰。行皃。倫謂趬趞即行皃。趬下曰。行輕貌。行皃謂行輕之貌。此蓋即雀躍之本字。䜌下曰。亂也。一曰治也。一曰。不絕也。倫按孔廣居謂䜌從絲言聲。是也。然古文作。䜌卣作。則䜌字蓋由而變。從爪。從又。從三幺。幺者。初文絲字。糸

下曰。幺古文糸。糸絲一字。三幺者。絲多也。從兩手理三幺。治絲之意。故訓亂也。亂當作𤔔。𤔔治也。故𤔔也與治也實一義。一曰不絕。則聯字訓。斯為別義耳。丩下曰。相糾繚也。一曰。瓜瓠結丩起。倫按丩象瓜蔓之丩。而凡丩結似之。故曰相丩繚也。此二義亦一義也。詆下曰。苛也。一曰。訶也。倫按李賡芸以詆為呧重文。呧下曰。苛也。倫謂苛者。訶之借字。苛也即訶也。非有二義。鬵下曰。大釜也。一曰。鼎大上小下若甑曰鬵。倫按鼎大上小下若甑曰鬵者。特詳其形耳。非有別義也。𤔔下曰。治也。一曰。理也。倫按理下曰。治玉也。則治理一義。奇下曰。異也。一曰不耦。倫按奇為踦之初文。從尢。可聲。山海經大荒西經有人曰吳回。奇左。是無右臂。此奇字本義之僅存者。人而一足。故以為奇。今訓異者。以旁轉疊韻為訓耳。不耦即一足之引申。非與一足為二義。荒下曰。蕪也。一曰。艸淹地也。倫按艸淹地所以為荒蕪。蕪則非二義。歔下曰。欷也。一曰。出气也。倫按出气者。歔之義也。欷也者。欷歔狀其聲。非二義。

說文說解別義有其本字

許書說解陳二義者。其一多為別義。別義類有其本字。如玟下曰。一曰。石之美者。錢坫曰。聘禮注。瑂或作玟。故以為石之美者。是石之美者為瑂字義。荾下曰。一曰。矮也。此古借荾為矮。矮也即矮字義也。薄下曰。一曰。蠶薄。苗下曰。蠶薄也。方言。薄。宋魏陳楚江淮之閒謂之苗。苗薄者。魚侯二部旁轉通假。苗是正字。薄下蠶薄即苗字義也。菆下一曰。蓐也。尋蓐取聲皆侯部。古或借菆為蓐。蓐也即蓐字義。廣雅釋器。蓐謂之菆。即以菆為蓐之證。蓐下一曰。蔟也。蓐音日紐。半齒音。蔟齒音。古借蓐為蔟。蔟也即蔟字義。[illegible]下一曰。大貌。此晵字義。晵下曰。大目也。唏下曰。一曰哀痛不泣曰唏。此悕字義。悕唏聲同脂類。古或借唏為悕。悕下曰。痛聲也。啻下一曰。啻。諟也。此諦字義。諦審也。諟次諦上說解曰。理也。噴下一曰。鼓鼻。此歕字義。歕下曰。吹气也。嘆下一曰。太息。此歎字義。歎下曰。吟也。趬下一曰。趬。舉足也。此蹻字義見谿二紐最近旁轉通借。蹻下曰。舉足小高也。逴下一曰。蹇也。此𥡴字義。𥡴下曰。特止也。很下一曰。盭也。此詪字義。詪下曰。很戾也。古書多借戾為盭。踖下一曰。踧踖。此𥪰字義。𥪰下曰。驚貌。蹩下一曰。跛也。此躄字義。躄下曰。人不能行也。踤下一曰。駭也。此啐字義。啐下曰。驚也。跳下一曰。躍也。此趒字義。趒下曰。雀行也。踼下一曰。搶也。搶當作𣥺。與歫下搶也當作𣥺也同。𣥺訓歫也。故歫亦訓𣥺也。此𣥺也者。古或借踼為𣥺。𣥺即𣥺字義。㗊下一曰。大呼也。此訃字義。訃下曰。大呼也。矞下一曰。滿有所出也。此潏字義。潏下曰。湧出也。誧下一曰。人相助也。此俌字義。俌下曰。輔也。傅為俌重文。謷下曰。一曰。哭不止。悲聲謷謷。此謷字義。謷下曰。痛呼也。詒下一曰。遺也。此贈字義。之蒸對轉。故借詒為贈。今作貽字。贈下曰。玩好相送也。誒下一曰。誒然。此唉字義。唉下曰。譍也。䛬下一曰。祝也。祝當為䛆。䛆。詶也。讎亦訓詶也。此借䛬為讎。乃讎字義。訬下一曰。訬獪。此狡字義。狡下曰。少狗也。少當作訬。獪下曰。狡獪也。諽下一曰。更也。此改字義。改革見紐雙聲。改下曰。更也。昒下一曰。旦明也。此昧字義。昧下曰。昧爽旦明也。亦即昒字義。瞥下一曰。財見也。此眽字義。眽下曰。目財見也。同脣音也。眝下一曰。張目也。此盱字義。聲同魚類。𥄎下一曰。俠也。此即俠字義。古或借𥄎為俠也。蒦下一曰。視遽貌。矍下一曰。視遽貌。

皆𥄕字義。𥄕下曰。舉目驚𥄕然也。由蒦矍形近。矍𥄕音近。古借矍為𥄕。而矍有譌為蒦者。故蒦下亦有此訓也。剴下一曰。摩也。摩當作䃺。此磑字義。磑下曰。䃺也。觰下一曰。下大者也。此奢字義。奢下曰。張也。解下一曰。解廌獸也。此古借解為廌也。籓下一曰。蔽也。此棥字義。棥下曰。藩也。䈰下一曰。飯器容五升。此䈰字義。䈰下曰。飯筥也。受五升。籫下曰。一曰叢。即借籫為叢也。蒼頡篇曰。欑聚也。禮記喪大記注曰。欑猶菆也。史記河渠書集解引尸子曰。行涂用楯。行險用撮。楯撮即喪大記君殯用輴欑之輴欑。此贊取古通之證。盞並齒音也。欑下一曰。叢木。亦同。豈下一曰。欲也。此覬字義。覬下曰。钦幸也。卹下一曰。鮮少也。此小字義。卹小音同心紐。古或借卹為小。今俗謂少猶有一卹卹之語。紹興語曰一啐啐。卹啐並齒音也。少小一字。則鮮少為小義明矣。

披下一曰。折也。段玉裁謂折當為析。此斯字義。之歌旁轉通借。方言。東齊聲散曰廝。器破曰披。是其例證。斯下曰。析也。橪下一曰。柔也。撚下一曰。蹂也。洪頤煊謂蹂當作柔。皆即柔字義。柔橪日紐雙聲。故古或借橪為柔。淮南兵略訓前後不相撚。高注撚。蹂蹈也。即借撚為蹂。是其例證。槲下一曰。木下白也。張文虎謂此六字當在上文杳字下。洪頤煊謂槲通作隙。白部。㡾際見之白也。倫按古書郤隙通用。由聲義俱近也。如洪說則木下白乃㡾字義。櫎下一曰。帷。屏風之屬。此幌字義。今作幌。帳下一曰。法也。此模字義。帳模聲同陽類。模下曰。法也。椯下一曰。椯度也。此揣字義。揣下曰。量也。度高曰揣。椯下又曰。一曰剟也。此刊字删字義。聲並元類。刊下删下皆曰剟也。欑下一曰。穿也。此鑽字義。鑽下曰。所以穿也。臢下一曰。送也。此灷字義。窬下一曰。空中也。

此俞字義。俞下曰。空中木為舟也。⿸疒麗下一曰瘦黑。此黸字義。来紐雙聲。黸下曰。齊謂黑為黸。許書黔下曰。黎也。小徐本作黧也。然正文無黧字。黸即黧也。敝下一曰。敗衣。此㡀字義。㡀下曰。敗衣也。儼下一曰。好貌。此傪字義。傪下曰。好貌。傪次儼下。本傪字訓。傳寫誤入儼下。校者不敢刪。增一曰耳。供下一曰。供給也。此龔字義。龔下曰。給也。供龔龏疑實一字。龏下曰。慤也。乃恭字義。假下一曰。至也。此徦字義。徦下曰。至也。儗下一曰。相疑。此譺字義。譺下曰。騃也。然字次詒謲譇誑之間。義為不類。卷子本玉篇引作咍也。咍字許書不收。盍即詒字。詒下曰。相欺詒也。與相疑義合。侈下一曰。奢也。即借侈為奢也。奢之重文作奓可證。傷下一曰。交傷。此貤字義。古書懋遷即貿迻。迻亦貤之借。多也聲通。如逶迆古書亦作委移。旖施亦作猗移。是其例證。貤下曰。重次弟物也。重次弟物。若移甲爲乙。故曰交傷。古借傷爲貤。音同喻紐。祛下曰。一曰。祛。褢也。此裾字義。聲同魚類。裾下曰。衣袌也。袌下曰。褢也。莊子應帝王。其卧祛祛。淮南覽冥訓作卧倨倨。此其例證。裻下曰。一曰。背縫。此䘳字義。䘳下曰。衣躳縫。屒下曰。一曰。屋宇。此宸字義。宸下曰。屋宇也。欽下一曰。口不便言。此吃字義。吃下曰。言蹇難也。欪下曰。一曰。無腸意。嚴可均謂腸當作知。聉下曰。無知意也。以此知此無腸亦當爲無知。朱駿聲謂如嚴說。則借欪爲聉也。倫按玉篇無腸意作訶也。倫謂許本文蓋作欪欪無憖意。一曰。訶也。傳寫譌如今文。訶也則咄字訓。咄下曰。相呵也。頒下一曰。鬢也。此即借頒爲鬢也。或謂鬢當爲顰。借頒爲顰。孟子頒白者不負戴於道路矣。是其證。頒鬢顰並脣音也。䫇下一曰。頭少髮。此鬜字義。真元旁轉。鬜下曰。髮禿也。顅下頭鬢少髮也。亦鬜字訓。頠當訓長脰皃。户下一曰。屋梠也。錢坫謂屋梠者。字當作檐。是也。駙下一曰。近也。此坿字義。坿下曰。益也。騰下一曰。騰。犗馬也。此騬字義。古讀穿紐歸透也。騬下曰。犗馬也。㺌下一曰。兩犬爭。此㹜字義。疑匣旁紐相借。㹜下曰。兩犬相齧也。又或狋字義。狋音亦疑紐也。漢書東方朔傳曰。狋吽牙者。兩犬爭也。許書狋下曰。犬怒也。或曰。朔傳狋字亦㹜之借。獧下一曰。急也。此懁字義。懁下曰。急也。煦下一曰。温潤也。此昫字義。昫下曰。日出温也。㚔下一曰。大聲。此啇字義。㚔為罪辟之辟初文。啇讀若糵可證。啇下曰。語相訶歫也。莊子秋水篇仰而視之曰嚇。嚇嚇即啇俗字。靖下一曰。細皃。細下奪文字。此彭字義。憖下一曰。甘也。此寧字義。寧下曰。願詞也。左昭二十八年傳。憖使吾君聞勝與臧之死也以為快。楚語。吾憖寘之於耳。皆願字義。可證也。應下一曰。寬也。桂馥謂寬當為覺。此憬字義。憬下曰。覺寤也。惟錢坫據詩魯頌釋文。以憬為後人所增。慰下一曰。恚怒也。此慍字義。慍下曰。怒也。詩以慰我心。韓作慍可證。惄下一曰。憂也。此愵字義。愵下曰。憂貌。讀與惄同。詩惄如輖飢。韓作愵可證。薏下一曰。厚也。此惇字義。惇下曰。厚也。老子。其民淳淳。傅奕本作偆偆。可為例證。悁下一曰。憂也。此愪字義。愪下曰。憂貌。圓下曰。規也。此方圓字。而古書通以圓為圓。可證。恫下一曰。呻吟也。此吟字義。吟下曰。呻也。匡俗正謬。關中謂呻吟為呻恫。可證也。懾下一曰。服也。此懾字義。懾下曰。心服也。㥾下一曰。止也。此㢸字義。心紐雙聲。㢸下曰。弛弓也。左傳弭兵字當作㢸。湔下一曰。手澣之。此洗字義。同齒音也。洗下曰。洒足也。澥下一說。澥即澥谷也。此䧍字義。䧍下曰。水衡官谷也。洚下一曰。下也。此降字義。降下曰、下也汪下一曰。汪。池也。此潢字義。潢下曰。積水池也。淪下一曰。没也。此湛字義。並舌音也。湛下曰。没也。淈下一口。水出貌。此㬎字義。古書屈聲曰聲之字多通借。㬎下曰。水流也。淫下一曰。久雨為淫。此霖字義。聲同侵類。霖下曰。雨三日以往為霖。瀶下一曰。寒也。桂馥謂瀶澟聲相近。澟寒也。倫按澟今作凜。與冷一字。瀶澟冷來紐雙聲。寒也亦冷字義。湒下一曰。沸涌貌。此湁字義。聲同談類。湁下曰。湁湒。鬻也。洿下一曰。窊下也。此洼字義。音同影紐。洼下曰。深池也。污下一曰。小池為污。此洿字義。洿下曰。濁水不流池也。又曰。一曰。涂也。此杇字義。杇下曰。所以涂也。洏下一曰。煮熟也。此胹字義。胹下曰。爛也。湑下一曰。浚也。此古書借湑為浚。音同心紐也。潩下一曰。吮也。吮下曰。漱也。此漱字義。潩漱心紐雙聲。謍下一曰。眾言也。此嗑字義。嗑下曰。多言也。

讀若甲。雲嗑聲同談類。或凾字義。澄娘二紐並舌音也。凾下曰。多言也。凾讀與聶同。聲亦談類。闔下一曰。閉也。此居字義。居下曰。閉也。摳下曰。一曰。摳衣升堂。此攐字義也。音同谿紐。攐下曰。摳衣也。揜下一曰。覆也。此盦字義。影紐雙聲。盦下曰。覆盍也。弇下曰。蓋也。蓋當作盍。亦盦字義。弇從廾。合聲。本義亡矣。撫下一曰。循也。段玉裁謂循當作揗。此拊字義。拊下曰。揗也。揣下曰。一曰捶之。此借揣為捶也。𠩺下曰。讀若捶。御覽六四〇引風俗通。許遠謂妻侍曰。汝翁復罵者。吾必揣之。揣之謂捶之也。捶下曰。以杖擊也。振下一曰。奮也。此揮字義。揮下曰。奮也。揮振聲同真類。撝下一曰。手指撝也。此扜字義。扜下曰。指麾也。扜撝並喉音也。掖下曰。一曰。人臂下也。此亦字義。亦下曰。人之臂亦也。媢下一曰。梅目相視也。此睸字義。睸下曰。低目視也。嫌下一曰。疑也。

此慊字義。慊下曰。疑也。婎下一曰。醜也。此倠字義。倠下曰。仳倠。醜面也。娭下一曰。娭。息也。此瘱字義。瘱下曰。病息也。縮下一曰。蹴也。即借縮為蹴也。縩下一曰。徽幟信也。有齒。此縩字義。縩下曰。傳信也。壙下一曰。大也。此廣字義。廣下曰。殿之大屋也。坋下曰。一曰。大防也。此墳字義。墳下曰。墓也。爾雅曰墳。大防。或曰。坋借為防也。音同奉紐。爾雅借墳為防。塲下一曰。田不耕。此暘字義。暘下曰。不生也。

說文兩字說解互譌

許書有兩字之義互譌者。如斁下曰。解也。一曰終也。殬下曰。敗也。倫按解也與釋下之訓同。然解非釋字義者。釋從釆睪聲。釆為獸足。則義亡矣。解謂解釋。此譯字義。今譯訓傳譯四夷之言者。亦以能解釋四夷之言耳。是譯當訓解也。終也者。殬字義。歾下曰。終也。歾從歺。死亦從歺。歾者。今謂人死曰歾故。死為人之終。故曰終也。歾訓終。則殬從歺義與歾同為宜。且殬音當故切。倫以為即歾故之故本字。則終也塙其本義矣。許於殬下引書曰。彝倫攸殬。今洪範作斁。詩雲漢。耗斁下土。箋訓敗也。敗從攴。斁亦從攴。則敗也為斁字訓明矣。厃下曰。仰也。危下曰。在高而懼也。倫按厃從人在厂上。此當訓在高而懼。危從人伏厂下而視厂上之人。則當訓仰。今訓互譌矣。

說文說解二義掍合

許書中說解有二義掍合為一者。若口匕尸卪韋勹諸部首字之因其形之相同而掍合二義或三義者。固已謬矣。若悉下曰。詳盡也。則桂馥正之。以為當作詳也盡也。㝌下曰。貧病也。則王筠正之。以為當作貧也病也。此於字形無涉。特古書有以悉為詳者。或以悉為盡者。許遂掍為一義。古書有以穴為貧者。或以穴為病者。許亦掍為一義耳。

說文有義無字

許書有某字之義尚存於他字之下。而其本字則亡者。如趧下一曰。竈上祭名。乃禪字義。今禪字存於玉篇。而許書無其字。蹏下一曰。曲脛也。乃踁字義。今檢踁字存莊子馬蹄篇。而許書無其字。識下曰。常也。此幟字義。今檢幟字見𢂷字說解。又見徽字幖字說解。然說文韻譜徽幖說解幟字皆作識。則𢂷下幟字疑古本亦作識。是許書無幟字。而左襄十八年傳漢書高帝紀有之。穴下曰。貧病也。貧下當補也字。病也乃疚字義。今檢穴下許引詩曰。煢煢在穴。文選潘岳寡婦賦李善注引韓詩穴作疚。爾雅釋詁釋名釋疾病並有疚字。而許書則亡。悝下一曰。病也。乃瘇字義。爾雅釋詁瘇。病也。詩雲漢。云如何里。釋文里。本亦作瘇。而許書無瘇。若此者。與其字見於他書而其義亦不存於許書者有殊也。

說文有字無義

許書有字而其本義亡。謬以他字義訓之者。多矣。若字不見正文而見於偏傍與說解者。其義不存。而有可推知有不可推知者。如偏傍有希字。張行孚以為即絺之重文。其說尚成。則希為細葛矣。偏傍有畾字。靁下曰。從雨畾象回轉形。籀文作□。古文作□。又作□。楚公鐘作□。雷甗作□。諸文相證。雷之初文從□。即電之初文□。□皆其變也。圅皇父敦作□。可證𤳳聲。小篆乃省一田作畾。櫑。籀文作□。亦其證也。𤳳從四田。其義未詳。王筠以為雷之古文非是。蓋雷不可以形象。或

謂牟以厶象牛鳴。羊以丨象羊鳴。是古有象聲造字之例。倫謂
厶丨皆幖幟性質。非能象牛羊之聲。今畾有四田。未可比也。或
謂論衡有雷象連鼓之說。畾是其象也。倫謂此後世俗說。不可
據以說造字。今雨雲電初文皆象形。雷霆震則不可象。故皆形
聲耳。偏傍有攸字。王煦以為從攴川聲。然其義不可得矣。偏傍
有爿字。孔廣居以為即牀之初文。古蓋作皿象形。以為偏傍之
用。不便橫書。故作爿。倫按禮記內則少者執牀與坐。其制必
簡。不然。寧能使少者執之乎。黃廷鑑以為如今櫈之闊者。倫謂
釋名。長狹而卑曰榻。施於大牀之前。小榻之上。所以登牀也。又
曰。小者曰獨坐。初學記二五引通俗文。三尺五曰榻板。獨坐曰
枰。八尺曰牀。枰即今之櫈也。夫八尺之牀。少者不能執矣。倫謂
今之櫈其形至樸野者。即古几之遺形。几丌一字。丌字以圖畫

之。當作〓。彊而大之曰榻曰牀。其形不能異也。則牀字之構造。必出於形聲矣。故許書作牀。從木。爿聲。又許書莊之古文作〓。此與莊非一字。壁中書借以為莊耳。其字從卝在丌上。爿聲。喪大記始死。遷尸於牀。〓豈即牀之古文邪。然從丌則必不復從牀。可知爿非牀之初文矣。且使果有牀之初文作〓者。安得金甲文中竟無一從爿之字而如原形書之者。豈一為偏傍必皆作爿邪。故倫以為爿者。〓之省改。籀文從爿者皆作〓。可證也。〓為戕之初文。許書戕下曰。槍也。倫謂槍當作牄。玄應一切經音義一〇引三倉。木兩頭小而銳曰槍。又四引通俗文。剡木傷盜曰槍。此皆今所謂刀槍之義。戕訓槍者。非槍歫之槍。槍歫字當作堂。槍亦牄之異文。乃剡木銳小其兩端者也。而〓形之器。今猶有存者。自〓省改為爿。省改不始李斯。金甲文牆字。其爿字偏傍已作爿。失其本義。以為兵器。故加戈耳。是則爿之義當曰。兩頭銳戟也。偏傍有杀字。然其義不可知矣。偏傍有由字。王國維證知即東魯名缶曰甾之甾。則乃一字。其義為瓦器矣。偏傍有灷字。玉篇訓為火種。是也。古者歲必改火。其滅者。人送之。故從収火。此送倂之最初文。則義僅存於玉篇。免字見於偏傍。錢大昕以為免兔一字。則兔義即免義也。偏傍有杂字。其義不可知。或謂此字獨見於染字偏傍。漢銅印文染字作[illegible]。從朶。杂蓋朶之譌。染從水杂聲。古讀曰紐歸泥。泥端並舌音也。或謂染從木。從水。乃聲。九為乃譌。木者。梔茜之屬。乃音則泥紐也。無杂字。

說文象形之文

象形之文。為原始字。指事會意之文。形聲之字。皆自此生。然象形者。謂象物之形。故許書自敘曰。象形者。畫成其物。隨體詰詘。
凡於物形之外有所增損者。皆非象形。如大為象人正立之形。
頭身手足具矣。天則於大上加●或加○以識為顛。金文多作
甲文有作者。蓋甲文於圓體難成。每作口形。口形實之為
■。變則為一。故小篆天作矣。天即顛之初文也。天元兀一字。
為象牛頭角髀尾之形。甲文牛亦如此作。亦有作者。則
側視形。牟則加乚以識為牛鳴。木為象木枝莖根荄之形。
則損其首以識為伐木之餘。今作櫱。為形聲字。禾則屈其首以
識木之夭折止而不能生。天牟不禾皆為指事而非象形矣。然
此四字中。惟牟字之厶象其聲气從口出。而聲不可象。特以乚
為幖幟以指示之。而天不禾亦無異於象形。故指事亦屬於文
而非字也。更推之馭象以又控馬。為以手持策鞭牛。変為

以又持火在宀中。朱駿聲以為摉之初文。是也。□為以矢著於弓上。今譌作射。亦未嘗不象形。然此四字為會意之文。此由以造字之方法判之也。言其系統則指事會意皆屬於象形之文。許敘曰。依類象形。故謂之文。其後形聲相益即謂之字。蓋明示之矣。知文字之為二系。混言文字不別。明象形之為純象物體。指事之為物體上發生一種現狀。表示此現狀者。為標幟性之不成文字之筆畫。會意則兩箇以上象形或指事之文相聯合共同而生一義。則象形指事會意之界明。而許書象形之文若干。可以搗數而出之。象形之文既為原始字。故為數至少。如一、天地之天本字。一、地之初文。一、籌數之一。二、數名。三、亖、籒文四。即四之初文。乂、古文五。即交互之互本字。王、今作玉。气、丨、即俗謂棍棒之棍。艸、屮艸一字。木、小、當依甲文作八。八、八、八分別劈一字。八為初文。釆、釆番一字。牛、口、凵、張口之凵。止、止作足足一字。作。小篆作乇。說解曰。止也。齊侯敦作乇。末距作乇。象足形甚明。㞢、正、正是一字。𤴓、行、彳為行省。衜衟皆訓迹也。是為一字可證。牙、龠、散氏盤有龠字。以王孫鐘龢字作龢。師兌敦作龢。曾遵鐘作龢證之。即龠字也。蓋龠為三孔之竹管。𠕁象竹管。吅品品象孔。篆法不取整齊。故小篆變譌為龠。實為象形。不從品侖也。冊、干、當依甲文作干。干羊芉一字。丙、丩、十、陌之初文。丵、鬲、鬲鬻一字。爪、𠔿、又、𠂇、乚、卜、用、墉之初文。目、自、白亦自字。羽、隹、丫、羊之初文。由𦍌而變。𦍌見口羊敦。甲文亦有𦍌字。又變為𦍌。羊卣羊字作𦍌。變則為𦍌。𦍌見甲文。再變則為羊矣。丫音工瓦切。為淺喉音。羊音與章切。轉深喉耳。鳥、𪈙、小篆作鳳。為形聲字。烏、舄、焉、𦍌、幺、說解曰。象子初生之形。殊無其象。疑與糸一字。糸之古文作8。字形既同。又幺部屬字。幼訓少也。當為力少也。蓋從力。幺聲。故讀伊謬切也。二幺為丝。幽幾二字從之。幽字金甲文皆從火。蓋二幺即絲字。絲極細微待光而別。故從火耳。如此相證。幺為糸字明矣。予、㠯、肉、肙、說解曰。小蟲也。按肙本是象形。蓋其形如蠶者。故○象其首。月象其身。既非從骨肉之肉。亦不從口帀之口得聲也。熊能龍贏等字。小篆皆從肉。乃形似而譌。贏、刀、丯、角、鄂侯鼎角字作𠬪。甲文作𠬪。純象角形。竹、𠀠、箕之初文。今譌作甘甾。丌、几几一字。工、工巨一字。乃、豈、皷之初文豆、虍、虎之初文。皿、凵、說解曰。凵盧。飯器。即器皿之器本字。凵器雙聲。又凵曲一字。曲小篆作凹。凹之與凵。猶匚之與匚矣。曲下曰。象器曲受物之形也。當為凵字本訓。儀禮大射儀鄭注曰。㽞以承尊也。段玉裁據以為鄭時有㽞字。鄭珍據以為豊之重文。按

豐豐實一字。豐下曰。行禮之器也。甲文有豊字。即鄭所謂豊

以承尊之豊字。王國維謂象二玉在器中。古者行禮以玉也。古

凵𠙴一字。以此相證。凵之為器益明。由習俗通借器為凵。而凵

遂為飯器之專名耳。丨、主、皀、說解曰。穀之馨香。象嘉穀在裹中

之形。匕所以扱之也。或說皀一粒也。又讀若香。檢窒叔敦有皀

字。證以許書從皀之字。如卽。散氏盤作卽。盂鼎作卽。甲文作卽

既既。郘鐘作既。頌鼎作既。甲文作既既。食。食仲簋作食。甲文

作食食。金文諸食字偏傍亦多作食。鄉。甲文作鄉。是皀即皀

矣。皀小變則為皀。仲義敦食字作食。是其證。又變則為皀矣。然

非從匕匙之匕。以甲文即既食鄉諸字偏傍觀之。皀皀二形。皆

象有蓋足之器。說解又讀若香。小徐本無又字。此字既非形聲。

又止有讀若香。無別讀。則又字為妄加矣。讀若香者。由皀本與

亯一字。享字從亯。不騬敢作亯。甲文亦多作亯。亯亯之形。亦由豆皀而變也。亯即烹煮之烹字。故食即既鄉皆從皀也。亨普庚切。音屬滂紐。今皀音皮及切。音屬奉紐。皆脣音也。又及音羣紐。庚音見紐。皆淺喉音。則皀亯一字而二音。皀讀若香而今音皮及切。其故亦可知矣。古烹煮之烹與亨利之亨一字。亨音許兩切。與香雙聲。皀既與亯分為二字。而皀音仍讀若香。遂以香字之義訓皀矣。不知皀為皀豆之譌變。遂有嘉穀在裹中匕所以扱之之說矣。後人見皮及切之音。與香甚遠。妄於讀若上加又字矣。入、入宀穴一字。高、髙象形者。篆蓋本作亯。變為高。高見甲文。不從冂。矢、冂、亭、亭京一字。靜敦京字作亯。公姒敦作亯。甲文作亯亯。皆象亭形。無丘意。亭即亯之變。不從丁聲。亭訓人所安定。故天子所都曰京。亯、亯即鑊之初文。鑊訓釜大口者。從金。

复聲。复從夊。畗省聲。甲文复字作𩫖。又作𡕒。則亯由豆亞而變。畗又其變者也。豆亞正象釜大口形。不從高省。畗訓滿者。雙聲為訓。又疑皀畗亦一字。形聲義皆近也。來、丑、今誤作丰。夒、夔、皆各自象形。猶鳥焉矣。尹、今誤作夂。乇、今誤作乍。朩、〇、此圓之初文。囗、此牆垣之垣初文。囗、此畝之初文。論語其在斯。本作厶在斯。厶即口之隸變。如㕣之變為公矣。亦借為公厶之厶字。回、此象回帀形之口。今許書掍為一部。貝、日、卜、今誤作㫃。)、月夕一字。囧、囧囪一字。囪今作窗。古文作囧。盂鼎明字偏傍作囧。毛公鼎明字偏傍作囧。甲文明字偏傍亦有作囧者。皆其證也。弓、卤、亝、今誤作齊。鼎、父已鼎鼎字如此。卣文鼎字作鼎。鼎文作鼎。皆合三足兩耳之說。盂鼎作鼎。甲文作鼎。此小篆作鼎之由來也。宋、今誤作彔。禾、米、尗、瓜、呂、冂、冪之本字。冂、冂冃同一字。冂為最初文。冠字從之。今與冪之本字掍。网、甲文作□。純象形。不從冂。巾、人、𠤎、□、傾之初文。匕、匕箸之匕。□、沉祥麟張文虎羅振玉均謂象形。不從二人。毛、□、舟、□、百、彡、文、尸、甲、厶、匋之初文。□、包裹之包本字。今與匋之初文掍。山、广、厂、冄、而冄一字。豕、豸、兕、易、象、馬、鹿、廌、㲋、兔、莧、兔莧各自象形。犬、鼠、能、火、大、大夰夫一字。囟、心、水、乚、泉、□、雲後起字。魚、燕、龍、孔廣居謂象形。飛、孔、乙、畐、戶、耳、臣、手、𠦬、女、當從甲文作□。民、萌之初文。乂、戈、弋、□、乚、乚、匚、筐之初文。甾、當從金甲文作□。瓦、弓、糸、虫、它、龜、黽、卵、力、且、斤、斗、矛、車、𠂤、𠂤、宁、叕、离、萬、禹、嘼、禼五字皆各自象形。不從禸。丁、今俗用釘字。巴、㸚、子、□、□、午、杵之初文。申、電之初文。酉、戊、戌、戉、甲文作□□。父戊舟爵作□。戌、頌鼎作□。甲文作□□□。皆象兵器。蓋二百餘字。

說文象形兼聲字

許書中如前篇所舉諸象形文。實無兼聲者。龍下曰。從肉。飛之形。童省聲。使果如許說。於大例為指事兼聲。然甲文龍字作則肉由而誤。童省聲由而誤。故龍為全體象形。惟禽下曰。走獸總名。從厹。象形。今聲。按之許書大例。凡言從某象形者。皆指事之文。則禽為指事兼聲矣。然指事字所從者。皆象形之文。絕無變例。而禽字從厹。厹下曰。象形。九聲。似厹亦象形兼聲字。然乚無獸足蹂地之象。倫謂獸足蹂地者。此蹂字義。厹從初文肘字即九也。從初文肱字即乚也。九厶相交乃會意字。惜其義亡耳。然無論厹字何義。禽离萬禹⿲弓禹弓禼諸文。必不從厹。萬者蠆之類。或為一字。頌鼎作。靜敦作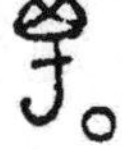。甲文作。目諭蠆蠍之形如此。其為象形甚明。故周伯琦孔

廣居王筠俱以為不從内也。禹禼者。說解皆謂蟲也。則其形蓋似萬者。猶夔夒亦形似也。离者。服虔杜預左傳注如湻漢書注皆曰。山神。獸形。許引歐陽喬說。猛獸也。蓋山神者。如山海經每謂異獸為山神。實獸而略有人形者。今北地出六朝冢中物有獸形甚猛而角者。即离之類。小徐本於說解從屮。作屮聲。大徐本無聲字。而從屮無取義。段玉裁謂屮若巂字之首。象其冠耳。倫謂段說近是。則禼亦全體象形也。𥜿者。人身反踵。爾雅謂如人被髮。今字作狒。則夒蝯之類。字亦全象其形。禽字禽敦作禽。其形蓋與禼類。似從厹而非厹字。亼頭則與金甲文今字同。然象形兼聲者。惟此一字。不能無疑。待於古器文中復證之。

説文象形字說解誤為指事會意形聲

許書號為說文解字者。所以說解象形指事會意之文與形聲轉注段借之字也。故說解之辭。必有定例。許書於象形之文。以其純象物形。非與他字和合而成。故不言從。明從則有所從之字。如帚從初文地而象其形。帚為指事矣。禮從示從豊而禮為會意矣。然如疋象畫射臬中縱橫之界。是正一字。是又於縱橫界中為⊙以示準也。今正字說解曰。從止一以止。行象交通之道。而說解曰。從彳。從亍。足象足連於腓之形。而說解曰。從止口。侖象侖之竹管三孔。而說解曰。從品侖。干象縣人。而說解曰。從反入從一。西象舌體在口外。而說解曰。從谷省。象形。業象大版。而說解曰。從丵從巾。巾象版。用象厽土石為垣。而說解曰。從卜從中。肙象小蟲形。而說解曰。從肉口聲。豈象鼓陳立形。而說解曰。從屮。從豆。豆象器有蓋足。而說解曰。從口。象形。主象燈炷形。而說解曰。從𡈼象形。從丨。丨亦聲。皀象烹器。而說解曰。象嘉穀在裹中之形。匕所以扱之。矢象形。而說解曰。從入。象鏑栝羽之形。高象臺觀高形。而說解曰。從冂口。京象亭形。而說解曰。從高省。丨象高形。亯象烹器。而說解曰。從高省。曰象進孰物形。畐象大口釜形。而說解曰。從高省。象高厚之形。鼎象形。而說解曰。象析木以炊。從貞省聲。禾象形。而說解曰。從木從𠂹省。网象形。而說解曰。從冂。下象网交文也。巾象形。而說解曰。從冂丨象糸也。衣象形。而說解曰。象覆二人之形。能象形。而說解曰。足似鹿。從肉。㠯聲。龍象形。而說解曰。從肉。飛之形。童省聲。乍象形。而說解曰。從亡。從一。皆有所誤。不正則形謬而義譌遷矣。

說文指事之文

指事異於象形者。其字一部分或一部分以上必為象形之文。其一部分則不成字而為幖幟。以指示此象形之文發生何種現象。故名指事也。許書指事之文。若天為顛之初文。從大。大象人正立形。●不成字而以此指示為人之顛也。二為古上字。從初文地字作一者。●不成字而以此指示為地上之物。故為上也。丅為古文下字。從天地之天本字作一者。●不成字。以此指示為天下之物。故為下也。帝古文作帝。從初文地。不象木根蒂之形。不成字也。示古文作示。甲文亦有作示者。疑本作示。小變為示。復變為示。從天地之本字作一者。小以指日月星為天之垂象見吉凶者也。上古巢居穴居。所慮者風雨。不能安居。亦無所得食。故以無日月星為凶。有日月星為吉也。中。從丨而○其中。以指兩耑相等之處為中。○不成字。菌。從艸囷象糞在圊廁中。米即糞下官溥說似米而非米者矢字。然米不成字。甲文糞字作糞糞。米小皆象糞土。可相證也。介甲文作介介。羅振

玉謂象人箸甲。是從人。𠔁象前後所被。以此指示為介也。介訓

畫也乃界字義。經傳甲冑乃介冑之借。物。甲文作[illegible]。從刀牛

而血沾於刀。以此指物為解牛也。告甲文作[illegible]。此衡之初文。

從牛而梏其角。二即所謂橫木也。又從彳引之。彳為行省。行甲

文作[illegible]。象交道形。又當作[illegible]。橫道多則直道長矣。故訓長

行也。又疑彳亍又行一字。齒古文作[illegible]。從張口之山。[illegible]象齒。以

此指示口齗骨也。甲文作[illegible][illegible]。從口。龠象齒形。[illegible]從大省。

從呂。臼象夾脊肉。與寅為夾脊肉。而字作[illegible]同脊骨與夾脊

肉之下。正為要也。[illegible]從臼。從禹。孫詒讓謂從禹省。按呂仲禹禹

字作[illegible]。盂鼎作[illegible]同即[illegible]之變。非省。從𢆉持火於柴下。二木非

林字。乃小木散柴也。冂象竈口。不成字。革當作[illegible]。[illegible]與臼同。

金甲文臼字每作[illegible]也。獸皮治去其毛為革。故從兩手。𩠐象

形。或謂芊為丫譌。則是會意字。叉從又。丶象有物叉於指間。叉。
從又。⺀象爪甲之形。蓋本作㕚。嫌易與又掍。故變為叉耳。父。從
又持丨。丨象火炷與主中之丨同。甲文叜字作叜。即從父在
宀下。叏從又。中象所以分決之器。或謂叏從又持丨而コ叏之。
コ即彐字。亦手也。則丨為所叏之物。非字。尹。從又持丨。丨象所
持器。尹訓治也。疑當作治田也。蓋尹為耕之初文。彗。甲文作彗。
蓋從左右手各持掃竹掃土。故徐鍇鄧廷楨許槤皆以丰丰為非
字。象掃竹形。卑。從手持甲。朱駿聲以為椑之初文。按卑敦有
卑字。齊侯甗有卑字。前人均釋為俾。則篆不從甲。小徐
本作甲聲妄矣。朱說或是。聿。從又持丨。丨由丨而變。古用
刀筆。其形如此。肀聿筆一字。史則聿之県文。臣。從人而○其身。
古臣妾皆係虜故也。殳。甲文作殳。從又持几。几象器形。

□。從又從厶。又厶之間爲九。九即肘之初文。此會意字。及用籌數之偁。乃造寸字。從又一。以指之。一不成字。皮從又。□象剝取之獸革。攴甲文牧字作□。□。斅字作□。又甲文殺字作□。以此相證。則殳攴通用。疑攴從又持丨。丨象小擊之器。□。從二目。丿象目匡。眉從目。丿象目匡。𠆢象目上毛也。況祥麟以爲字當作□。證以□伯敦王命□公征□。王國維釋□。則況說是矣。𠆢非頟理也。盾從□。目當作□。象盾形。非耳目字。奞從隹。大象張毛羽形。不成字。令鼎奮字作□。□亦象張毛羽形。可證也。萑從隹。□象其角羋。羊鳴也。從羊。丨象其聲气上出。與𠦒同意。畢甲文作□。則從又持□。□爲捕鳥之器。象其形。棄甲文作□。從収。從□。從𠫓子。反子猶𠫓子。八者子始生時體上所沾血也。明棄子在始生時。此古羌俗。刃從刀。象刀有刃之形。办。從刃。象刃貫物成傷也。甘。從口。含一。一象所含之物也。曰。從曰。象气出形。丂。從乃。卤從乃省卤從乃。則知丂亦從乃。一指气欲舒出而有所礙也。血。甲文作血。象盛血皿中。今小篆作血一即由〇而變。或謂〇象血在皿中。俯視為〇。側視為一也。丹。從井。•指井中所有丹也。鬯。從凵。從匕。※象凵中所盛柜鬱也。虞。從虍。異象其下足。孫詒讓曰。虞下異字。卲鐘作虞。象猛獸四足之形。凡許書象某形者。皆不成字。今作異字。乃後人誤改。疑虞純象形字。亼。從入。一象屋極也。本。從木。一識木下。以一指為本。末。從木。一識木上。以一指為末。朱。從木。赤心不可見。故以一識木中。不。從木。而去其頭。所以示為伐木之餘。出。從屮。凵象葉之益茲出達也。朮。從朩。一其中以指其止而不達。禾。從木。折其頭。指禾止不能上矣。桼。從木。氺象桼汁出於木中。束。從木。

象有〇之毌。從貝。一以毌之。一象繫也。凶。從初文坑字。乂象交穿其中。韭。從初文地字。非象韭菜出地上。向。從宀。口象室中牖也。肯。從月。㞢象月上之飾。叏肯或並從牛省聲。㡀。從巾。象巾列敗。尗。從子。八象負兒衣。身。從人。象懷子。卒。從衣。象衣有題識。履。從尸。從彳。從夊。象履形。蓋本初文履字。以與舟捝。乃增成履字。而初文遂失矣。皃。從人。象頭囟未合。皃。從人。象人面。兜。從皃。象首戴兜鍪也。須。金文作。從頁。象面有毛。石。從厂。〇象石形。〇本象石形。為初文石字。以篆勢與口舌之口及口帀之口無別。增厂以明之。㫃。從㫃。勿象其三游也。豖。從豕。絆其足。馽。從馬。絆其足。。從馬。口其足。犮。從犬。曳其足。亦從大。八識其腋下。以指所識處為腋也。夭。從大。象頭傾之形。夭甲文作。又金文走字所從之夭作。蓋夭為走之初文。從大。象走時揚手之

形。夭部所屬喬幸二字。喬蓋即蹻之初文。從初文走字高省聲。幸從初文走字。從屰。見屰而走。故曰。去而免凶也。去今誤作吉。交。從大。而交其足。九。從大而曲一足。巛。從川壅之。甲文作⿱冂川。从天之本字作冖者。川象雨斷續自天下也。靁。從雨。◎◎◎象靁形。非日晶字。不。從天之本字作一者。象形。至。從初文地字。象形。閉。從門。丰象拒門之具。耴。從耳。象耳垂形。軎。從車。〇。以指車軸之耑。丑從又。象手有所扭。觀上所舉指事之與象形會意顯然有殊矣。

說文指事兼聲字

許書中指事兼聲字。如旁。從二。闕。方聲。牽。從牛。冖象引牛之縻也。玄聲。齒。象口齒之形。止聲。當作從口。象齒之形。止聲。金。從土。左右注。象金在土中形。今聲。禽。從厹。象形。今聲。然禽不從厹。當是象形兼聲。金。金文都作金。或作金。甲文土字作𡈼。或作△。許書垚下曰。絫土為牆壁象形。其實垚從三△。△即土字。金字從△。從土。八或⺀象金。明金在重土之中。不從今聲。齒則古文作[glyph]。甲文作[glyph]。明初文無止聲。是惟旁牽二字為指事兼聲耳。

說文指事字說解誤為象形會意形聲

許書大例。象形曰。象形。或曰。象某某形。指事曰。從某象某某。會意曰。從某從某。或曰。從某某。形聲曰。從某。某聲。今帝從二象根蒂之形。而說解曰。從二。朿聲。□。從大省從呂。𦥑象夾脊肉。而說解曰。從𦥑交省聲。革從𦥑。𦥑象革形。而說解曰。從三十。𦥑聲。彭。從壴彡者。記擊鼓之節奏。故甲文作壴彡。而說解曰。從壴彡聲。此誤以指事字為形聲字也。熏從黑。屮象火煙上出。而說解曰。從屮。從黑。以屮為屮木字。九經字樣引作象火煙上出。或許文本如此。菌從艸。象糞在圊廁中。而說解曰。從艸。胃省。牢甲文作。貉子卣作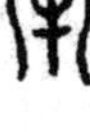。從牛在牢中。或從羊在牢中。而說解曰。從牛。冬省。以為古文終字。史從又持。象筆形。而說解曰。從又持中。以為中正字。寸從又一。以識手之上為肘也。而說解曰。從又從一。以一為一二字。隺從隹。大象張毛羽形。而說解曰。從大從隹。以大為大小字。盍從皿。一為所盛之物。大象皿之蓋也。盍即蓋覆之蓋字。而說解曰。從血大。此誤以指事字為會意字也。臣從人而縛其身。說解曰。象屈伏之形。盾從厗。目象盾形。說解曰。象形。泰從木。而象泰汁出於木中。說解曰。象形。此誤以指事字為象形字也。

說文會意之文

象形之為畫成其物。其字至為單純。故視而可識。指事之為指物體上發生之事。故指事字必以一部分或一部分以上之象形字和合不成字而為指示此象形之物體上發生之事之幖幟者而成。其成字之象形部分。所謂視而可識者。是也。其不成字而為指示此象形之物體上發生之事之幖幟者。所謂察而見意者是也。指事字亦有以指事字和合一部分不成字者而成。如盾。從厂目象盾形。厂為指事字也。會意字之異乎象形者。會意字必合兩部分或兩部分以上之象形或指事字而成。蓋必兩種物體或兩種以上物體相互關繫而發生之意義為會意。如咠為聶語。聶為附耳私小語。故咠從口從耳。明以口附耳之語為私小語也。步為行也。故從止屮。明行時左右足一前一後也。扁為署門戶之文。故從戶冊。𠬞為竦手。故從ナ又舉而相對。𦥑為叉手。故從又ナ垂而相對。㕞為拭身之塵土。故從又持巾在尸後。及為追捕人。故從又持人後。㲻為入水有所取。故從又在回下。取為獲者取左耳。故從又。從耳。隶與及同義。故隶從又持尾。楙為以木相交為藩蔽。故從爻從二木。說解曰。從林。誤。隻為獲之初文。故從又持隹。羞為進獻。故從又持羊。羞金甲文作[illegible][illegible]。從又持羊。羊字末筆貫又。遂誤從丑。又羑羞一字。久亦又之譌。說解曰。進善也。善當為羊。𠬪為物落上下相付也。故從爫又。受為相付也。故從爫。從凡。初文盤字。從又。說解曰。舟省聲。非是。甲文作[illegible][illegible]。毛公鼎作[illegible]。均不省。似舟而非舟字。死為人體腐滅。故從人。從歺。耒為除害艸以利田。故從木推丰。衡為牛觸人於道。橫木其角。故從角從大從行。𢆉之後起字。典為大冊。故從冊在丌上。奠為置祭。故從酋在丌上。益為溢之初文。故從水見皿上。卽為就食。故從卪向皀。內為室中有室。故從宀中宀。射為發矢。故從矢在弓上。當依金甲文作[illegible]。衛為守衛。故從四止從行。或從止從㞢從口。夅為降之初文。故從左右足自上而下。林為平土叢木。故從二木相並。或為邦國。故從口在地上。以戈守之。囚為繫罪人。故從人在口中。杲為早初文。故從日在木上。杳為夜初文。故從日在木下。旦為日出明。故從日見一上。明為照。故從月從囧。夗為夗轉臥。故從二尸。牧為養牛人。故從攴從牛。埶為種植。故從丮木於土。當依甲文作[illegible]。祭為祭祀。故從又持肉從示。屯為旾之初文。故從屮始見於一上。馭為使馬。故從又持馬。疒為人有疾不能行。故從九倚夫。當依毛公鼎作[illegible]。勹為保護之本字。故從勹覆人上。从為隨人。故從人在人後。老為年長者。故從人毛匕。炙為炮肉。故從肉在火上。夲為所以驚人。故從大從県大。㚘為並行。故從二夫。立為住立。故從大在一上。惢為心疑。故從三心。垚為土高。故從三土。畕為田界。故從二田。劦為同力。故從三力。觀上所舉。可以知會意之文。亦如圖畫。故許敘曰。依類象形。故謂之文。其後形聲相益。即謂之字。亦可以明會意之與象形異者。象形獨體而會意合體。其與指事異者。指事以一部分或一部分以上之象形或指事字和合一部分不成字者而成。會意則至少必為兩部分之象形或指事字和合而成。析之皆獨立自成一字。而無不成字者焉。然會意字亦有以象形或指事字與會意字和合而成者。如㗊為衆口。從四口會意。而嚻則從㗊從頁。會嚻聲若浮於人上意。辛為罪也。從屰天會意。而妾從辛從女。會有罪女子給事者意。𦥑為叉手有所掬。掬為𦥑後起字。從𠂢彐會意。而盥從𦥑水於皿中。會澡手意。吅為驚呼。從二口會意。而咢從吅從屰。會見人県植而驚譁意。茻為眾艸。從四屮。會意。而莫從日在茻中。會日且冥意。𠬞為竦手。從𠂇又會意。而丞從𠬞人於凵中。會拯人於臽坑意。雥為眾鳥。而雧從雥從木。會眾鳥集於木上意。步為行也。而涉從步水。會徒行厲水意。㚔為所以驚人。而執從丮㚔。會捕罪人意。圉從囗㚔。會囹圄拘罪人意。蓋會意亦依類象形。故以會意字與象形或指事字和合而成會意字。猶以象形字與象形字和合而成會意字也。然後起之會意字。又有以形聲字與象形指事字和合而成者。如禋籀文作䄍。王煦謂籀文從示。從籀文煙省。知䄍義取諸煙也。則禋亦從示從煙省會意。而煙從火垔聲。為形聲字。祡字說解曰。燒柴燓燎以祭天神。則祡為從示從柴省。而柴從木。此聲。形聲字也。祡之古文作𥛍。桂馥柳榮忠王筠並謂從隋省。隋為烈肉。取加牲柴上之義。蓋據周禮大宗伯。以實柴祀日月星辰。鄭司農曰。實柴實牛柴上也。又太祝三曰炮祭。鄭司農曰。炮祭燔柴也。許書炮下曰。毛炙肉也。書馬融注曰。柴者。祭時積柴加牲其上而燔之。然則禉亦從示從隋省會意。而隋從肉。隓省聲。形聲字也。禜字說解曰。設綿絕為營以禳風雨雪霜水旱癘疫於日月星辰山川也。從示。營省聲。鄭樵錢坫金鶚並謂從營省得義。是禜從示從營省會意。而營從宮。熒省聲。形聲字也。信。從人從言會意。衍亦從行從言會意而言從口。辛聲。形聲字也。然為例不多。或晚出之字。如信有古文作㐰。從人口會意。侃字從巛。㐰聲。今侃下說解曰。剛直也。從㐰。㐰古文信。從川。取其不舍晝夜。疑非許文。剛直者。蓋剛字義。剛之古文作佸。蓋本作𠛠。從刀。㐰聲。侃從巛。㐰聲。故遂以剛直訓之。其實侃之本義亡矣。則㐰為信之初文也。衍有或體作衒。

從行。玄聲。言玄古並淺喉音。則衒或從行言聲。今小徐本作從行言。蓋誤奪聲字耳。

說文會意兼聲字

許書會意字有兼聲。無可疑者。然其方式有二。一則別取一字為此字發聲之用。此為發聲用之字與此字之意義絕無關繫。如歸從婦省。從止。會婦人謂嫁曰歸意。而𠂤為歸字所以得聲。嗣從口。從冊。會諸侯嗣國意。而司為嗣字所以得聲。徹從攴從彳。會通道意。而育為徹字所以得聲。小徐本作育聲。巠從巛在一下。會水脈意。而壬為巠字所以得聲。疑從子。從止。會產子足先出死生可疑意。而矣為疑字所以得聲。是其例也。一則即於會意字中取其一部分兼為發聲之用。此為發聲之一部分。一方與其他各部份負共同發生此字意義之責任。一方又獨立而負發生此字聲音之責任。如禮從示從豊。會盛玉山中以事神為禮之意。而豊又為禮之所以得聲。故說解曰。從示。從豊。豊亦聲。莫從日在茻中。會日且冥意。而茻又莫之所以得聲。故說解曰。從日在茻中。茻亦聲。小徐本。莽從犬在茻中。會南昌謂犬善逐兔艸中為莽意。而茻又莽之所以得聲。故說解曰。從犬。從茻。茻亦聲。𦱊從茻從丩。會艸相丩意。而丩又𦱊之所以得聲。故說解曰。從茻從丩。丩亦聲。亦有說解以為會意而實會意兼聲者。如社下曰。從示土。小徐本作從示。土聲。其實社從示土會地主之意。古文作𥘶。則所謂二十五家為社。各樹其土所宜之木。故從示從木從土。而社聲屬魚類。則亦從土得聲也。葬下曰。從死在茻中。一其中所以薦之。然一即初文地字。葬從死在茻地上。茻亦聲也。小徐本易曰古之葬者厚衣之以薪下。有茻亦聲三字。然亦有說解以為會意兼聲而實會意字者。如𣪊下曰。從又持祟。祟亦聲。按祟為神禍。不可言持。羅振玉據甲文作[illegible]。謂從手持木於示前。古者卜用樵火。其木用荊。其說是也。則祟亦聲非矣。小徐本無祟亦聲三字。較是。又嚴可均謂許書說解言從某某聲者。率為形聲字。然亦有為會意兼聲者。諭其說頗可信。如祐下曰。助也。從示。右聲。右下曰。助也。是祐之訓助。得義於右。其為從示右會意明矣。右又祐之所以得聲也。儕下曰。等輩也。從人。齊聲。齊下曰。禾麥吐穗上平也。則儕之訓等輩。義得於齊。其為從人齊會意明矣。齊又儕之所以得聲也。惟會意字必以兩部或兩部以上象形指事字之本義相會合。不得取故訓引申之義相附會。如右之本義為助。而祐義亦為助。齊之本義為平等。而儕義亦為平等。等輩猶今言平輩。然後可以決定祐為從右會意。儕為從齊會意。若祫下曰。大合祭先祖親疏遠近也。從示。合聲。而徐鍇以為從示合會意。誤多聲字。鉉本遂刪聲字。沙木則以為從示合會意。合亦聲。不悟合從口。會省聲。會合匣紐雙聲。乃問荅之荅本字。會合之義。乃借合為會耳。是祫之義雖為大合祭先祖親疏遠近。而合無會合義。則祫不得從示合會意。許書說解作從示。合聲。為形聲字。不誤也。又如⿰口質下曰。野人之言。從口。質聲。而段玉裁以為會意兼形聲。不悟今言文質者。質為⿰口質省。故錢坫謂凡經文質字應作⿰口質。而質訓以物相贅。無質樸意。不得從質會意也。欲於許書以說形聲字之方式中。識其為會意兼聲字者。蓋尤當注意於此。明乎此則許書中如禘下曰。諦祭也。從示。帝聲。其實禘亦會意兼聲字。禮家說禘者。王者禘其祖之所自出。溯祖之所自出。猶窮木之根荄矣。帝者。艸木之根荄。故審諦祖之所自出而祭之謂之禘。其取義於帝。明矣。禘又得聲於帝。故禘為會意兼聲字。祳下曰。社肉。盛以蜃。故謂之祳。從示。辰聲。胡仲澐謂祳為社肉盛以蜃。故謂之祳。則從示。從蜃省。亦聲。其說是也。雖說解言辰聲。當正之以胡說。而祳為會意兼聲字。固塙然也。

說文形聲之字

許書九千三百餘文。形聲字實居十之九。許君說形聲字之例曰。從某。某聲。如䄏下曰。從示。畱聲。祈下曰。從示。斤聲。茝下曰。從艸。𦣞聲。芧下曰。從艸。予聲。唐下曰。從口。庚聲。嗢下曰。從口。昷聲。㮯下曰。從木。圂聲。桎下曰。從木。至聲。邵下曰。從邑。召聲。邯下曰。從邑。甘聲。施下曰。從㫃。也聲。游下曰。從㫃。汓聲。痑下曰。從疒。多聲。㽽下曰。從疒。古聲。但下曰。從人。旦聲。儉下曰。從人。僉聲。袥下曰。從衣。石聲。褍下曰。從衣。耑聲。碩下曰。從頁。不聲。頒下曰。從頁。分聲。屼下曰。從山。几聲。岨下曰。從山。且聲。豧下曰。從豕。甫聲。豲下曰。從豕。原聲。燭下曰。從火。蜀聲。焠下曰。從火。卒聲。夰下曰。從大。介聲。奔下曰。從大。弗聲。怒下曰。從心。奴聲。悔下曰。從心。每聲。淔下曰。從水。直聲。澥下曰。從水。解聲。鯍下曰。從魚。㐬聲。鯉下曰。從魚。里聲。揖下曰。從手。咠聲。揂下曰。從手。酋聲。姣下曰。從女。交聲。妭下曰。從女。犮聲。瓵下曰。從瓦。台聲。甞下曰。從瓦。尚聲。纊下曰。從糸。廣聲。紨下曰。從糸。付聲。垷下曰。從土。見聲。坁下曰。從土。氏聲。鈶下曰。從金。台聲。鏈下曰。從金。連聲。可知形聲字之構造。亦頗單純。祇以兩部分字相合而成。此兩部分字各有截然不同之作用。其一部分作用。在產生此字之意義。如從火之字。其意義皆不離於火之關繫。或言火之體性。焞焯熱燠之類是也。

或言火之業用。然燒炕燥之類是也。或言火之形色。焛𤒎㶴煒之類是也。或言火與物之關繫。如敫燋炭𤆍炮衮熏穮之類是也。此部分作用與此字聲音之產生。絕無關繫。其重在形。如從火之字。不得易以從水。以從水則義皆屬水也。其一部分作用。在產生此字之聲音。蓋象形指事會意字。其聲在字外。而形聲字則聲在字中。故焞焯熱燠然燒炕燥焛𤒎㶴煒敫燋𤆍炭炮衮熏穮。其聲即生於𩫖卓埶奥肰堯亢杲門雁多韋敎焦台岸包衣曾福。而𩫖卓埶奥肰堯亢杲門雁多韋敎焦台岸包衣曾福。其本義與焞焯熱燠然燒炕燥焛𤒎㶴煒敫燋𤆍炭炮衮熏穮無關繫。故此部分作用。與此字意義之產生。亦絕無關繫。其重在聲。聲非漫然以某字附之者也。許書於形聲字。舉江河為例。蓋以證所謂取譬相成之法。由最初造形聲字。其聲取譬於物之自然聲音。如江從水。工聲。取譬江之流聲工工然也。河從水。可聲。取譬河之流聲可可然也。詩河水活活。活可皆淺喉音。他若鵲鳴昔昔。故鵲從昔聲。犬吠夒夒。故獿從夒聲。然如梅杏桃李蘭茝芬芳鮪鯉潤澤綱維瘨瘵鄗邳稻稷樊燎舟匌勃勉排擠趙趫之類。無聲音之可取譬。惟因習俗之聲。取諧於同聲之字。然使同聲之字不止一字。則取甲取乙。自非刻定。徒視始造字者之取舍如何。造字者之取音。大率以其方音為準則。方言不同。同義異聲之字以起。如熠訓盛光也。從火。習聲。煜訓熠也。從火。昱聲。煜熠之義。殊無區別。所異者聲耳。是知形聲字形之部分。不可變更。聲之部分。祇取同聲。不定某字。惟亦有準則。大率不離雙聲疊韻。

說文省聲

許書形聲之字。有從某某省聲者。如齋從示。齊省聲。⿰礻⿱左月從示。隋
省聲。余從八。舍省聲。蹇從足。寒省聲。謍從言。熒省聲。⿱暴言從言。暴
省聲。讋從言。龖省聲。⿱斯言從言。斯省聲。融從鬲。蟲省聲。度從又。庶
省聲。段從殳。耑省聲。旬從目。勻省聲。⿱⿱艹罒⿰目攵從目。蔑省聲。鶱從鳥。寒
省聲。薧從死。蒿省聲。薨從死。瞢省聲。隋從肉。隓省聲。觷從角。學
省聲。⿰角弱從角。弱省聲。⿱艹豋從豆。蒸省聲。⿱𤇾井從井。熒省聲。复從夊。畐
省聲。櫌從木。優省聲。欂從木。薄省聲。檃從木。隱省聲。產從生。彥
省聲。⿱⿱亠丷貝從貝。商省聲。⿱宀⿰身邑從邑。竆省聲。夢從夕。瞢省聲。粱從米。梁
省聲。檾從𣏟。熒省聲。⿱𤇾瓜從瓜。熒省聲。⿰⿱爫瓜系從瓜。䌛省聲。⿰亻豈從人。豈
省聲。伭從人。弦省聲。襲從衣。龖省聲。⿰衤⿱左月從衣。惰省聲。袁從衣。叀
省聲。⿰智見從見。智省聲。⿰⿱白方欠從欠。噭省聲。鬌從髟。隋省聲。厄從卩。居
省聲。⿹勹⿱𥫗米從勹。𥷱省聲。彙從象。胃省聲。⿱𦥯馬從馬。學省聲。⿱㸚火從火。差

省聲。溼從水。㬎省聲。渠從水。榘省聲。潃從水。縣省聲。漿從水。將省聲。𡿪從巛。列省聲。霅從雨。譶省聲。鮮從魚。羴省聲。鹺從鹵。差省聲。聳從耳。從省聲。擪從手。懕省聲。⿱𥫗措從手。籍省聲。縱從糸。從省聲。⿱𡱝蚰從蚰。展省聲。毀從土。毇省聲。鉵從金。蟲省聲。軓從車。范省聲。醟從酉。熒省聲。斯皆省聲之正例。至若肘為寸之後起字。寸聲而必曰肘省聲。說從兌聲。而兌聲必曰說省聲。斬聲必曰漸省聲。去聲必曰劫省聲。㱿聲必曰穀省聲。𢼸聲必曰微省聲。獻聲必曰⿰木獻省聲。冊聲必曰刪省聲。蓋有斂侈輕重之殊。轉變陰陽之異。許君從其時讀。或有異乎不憚煩者與。若乃省聲而不從得聲之字之聲傍。惟箸其形旁。借使不為之說明。讀者無由得其聲讀者。如茸。從聰省聲。進。從閵省聲。⿱日赤。從赧省聲。秌。從𪛁省聲。家。從豭省聲。竈。從鼀省聲。⿰扌㐬。從疏省聲。監。

從⿰谷臽省聲。羔從照省聲。頪從爾省聲。㢱弦並從引省聲是也。炊之從吹省聲。薅之從好省聲。敢之從耴省聲。軍之從勻省聲。今誤作從包省。亦非有相傳之音不能讀。若耿從炯省聲。許引杜林說光也。從火。聖省聲。耳著頰也。乃頤字義。亦皆茸進梳羔之例也。虘從昔省聲。章敦彝以為日聲。粤從血。甹省聲。倫謂粤訓定息。盇從丂。皿聲。皿譌為血耳。覃從旱。鹹省聲。鹹省聲而篆作覃。亦茸耿之例矣。然倫疑從鹵。旱聲。幽侵對轉而幽侯聲近也。長味之訓。亦生於鹵。

說文形聲字一字二聲

許書形聲字一形而二聲者。僅兩見。竊從廿禼二聲。𩐉從次𠂔二聲也。然𩐉之或體作齍。而古書多借資為齍。論語造次字。說文作趑。讀若資。以是相證。韭⿱隊韭之字。蓋有三體。或從韭。次聲。或從韭。帀聲。或從韭。齊聲。韲乃誤合䪥䪢為一字耳。廿之為古文疾。其說又見童字下。然毛公鼎有童字作。番生敦作。中皆從。毛公鼎又有字。其童字偏傍略與許書籀文童字同。倫按周公敦臣字作。舀鼎作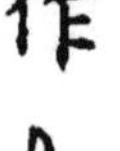。甲文亦有作者。甲文臣字多作。然則毛公鼎番生敦之童字皆作臣。非目字。毛公鼎㠉字偏傍中之。亦臣之省。均非所謂古文疾字。且古文疾作。籀文疾作。中有廿字。亦無古文作廿者也。是竊字之從廿。或亦臣字之變。惜金甲文中無竊字可證。然形聲字之無一字以二字為之聲者可決也。

說文形聲字誤為會意

形聲字為兩部分字相合而成。其兩部分字各有截然不同之作用。故最為易别。而段玉裁王筠諸治許書者每有形聲包會意或聲義相成聲義相備之說。其實有會意兼聲字。而會意兼聲字。又有一定之規律與方式。諸家每以形聲字之得聲部分其字輾轉引申之義或由同聲假借而後世習以為本義者。與此字之義。若可通訓。遂以為形聲包會意。或謂之聲義相成聲義相備。如王筠謂袷字為聲義互相備。而不知合為問荅之本字也。段玉裁謂盛字為形聲包會意。而成字從戊丁聲。戊為兵器而成從戊。其義可推。今成下曰。就也。就為孰譌。成孰禪紐雙聲。非本義也。盛從皿成。無意可會。則許謂從皿成聲。無可疑也。至如許書祟下曰。神禍也。從示。從出。王筠曰。經傳出字多讀如吹。祟當從示。出聲。其說是也。又如⿰彳柔下曰。復也。從彳。從柔。柔亦聲。小徐本無從柔二字。柔為木曲直也。安得與彳會合而生往復之義。韻會引說文多本小徐。而韻會二十六厚引無亦字。則許書或本是從彳柔聲也。又犄字下曰。虎牙也。從牙。從奇。奇亦聲。奇為踦之初文。一足也。安得與牙會合而生虎牙之義。故嚴章福桂馥均以為當但作奇聲。又虠下曰。號也。從言。從虎。虎鳴而不能言。既不得從言虎會意。且號訓呼也。從号。虎聲。小徐本。則虠為從言虎聲明矣。故宋保謂從言。虎聲。𢍏下曰。持弩拊。從廾肉。廾肉會意。不得訓持弩拊。故姚文田以為當言從廾肉聲。桂馥曰。徐鍇曰。肉非聲。是鍇本有聲字。潄下曰。辟潄鐵也。從攴。從湅。湅者。瀾也。瀾者。汏米也。從攴湅不得會意。故嚴可均以為從攴。湅聲。翏下曰。高飛也。從羽。從㐱。錢坫張文虎均以為㐱是新生羽而飛之㐱。㐱雖有飛義。然新生羽而飛者不能高飛。翏訓高飛。知不從㐱會意。當以幽侯聲近。從㐱得聲耳。幼下曰。少也。從幺。從力。幺即糸字。力幺即可會意。義必非少。蓋本訓力少也。

從力。幺聲。今奪誤矣。幾下曰。微也。殆也。從𢆶從戍。戍。兵守也。𢆶而兵守者。危也。𢆶即絲字。戍為守邊。不得會意。蓋從𢆶。戍聲。幽脂聲近。故幾從戍聲。贙下曰。分別也。從虤。對爭貝。讀若迴。尋贙字經籍罕見。虤訓虎怒。從虤而訓分別。其意不詳。其音胡畎切。在匣紐。而虤音五閑切。在疑紐。蓋從貝虤聲而義亡矣。知下曰。詞也。從口從矢。口矢既不能比類合誼。即令會意不得訓詞。當是從口。矢聲。夌下曰。越也。從夊。從兴。兴。高也。兴者。地蕈也。夊兴亦難會意。兴夌來紐雙聲。是夌從兴得聲也。夃下曰。秦以市買多得為夃。從乃。從夊。乃者。曳詞之難也。夊者。從後至也。即令會意。安得訓秦以市買多得為夃。蓋秦語謂市買多得之聲如夃。而夃之本義。今不可尋。字在夊部。蓋從夊。乃聲。乃音奴亥切。古音奴等切。夃音古乎切。兩字送音。皆在魚類。乃之送音夃之收音。亦同魚類也。贅下曰。以物質錢也。從敖貝。敖者。猶放貝。當復取之。敖為出遊。因附會為放貝當復取之。其實贅從貝敖聲耳。舉此為例。其誤已多。推此以求。不難反隅。

說文轉注之字

許書於象形指事會意形聲之字。皆有書法識別。故學者易於尋求。若轉注之字。僅見於許敘所記考老二字而已。學者又於許敘所舉轉注條件。不加密察。故自許氏以後。二千餘年。說者數十家。說無定見。倫按前人有謂轉注者。一義數字也。其說近矣。然戴震段玉裁之流。遂以後世訓詁視轉注。而爾雅初哉首基肇祖元胎俶落權輿皆為始之轉注字。此由不悟轉注字發生之故。轉注字之發生。由於土地廣大。語言複雜。同一事物。甲地呼某。乙地呼某。丙地又呼某。如楊雄方言曰。盂。宋楚衛之閒或謂之盌儋。齊楚陳宋之閒曰甗。則盌為盂之轉注字。甗為儋之轉注字。蓋一事一物而因方音不同。遂因原有之名。而從此土之音。為之別造一字。故一義而有數字也。然既為造字。必循規律。規律之成。必含條件。許敘曰。轉注者。建類一首。同意相受。考老是也。建類一首同意相受為造轉注字之規律。此規律中含三條件。建類。一也。一首。二也。同意相受。三也。類者。事物之類。與許說會意所謂比類合誼之類殆無不同。事若攴疒走革可老之類。物若人犬艸木金石之類。建類謂立事物為字之體。若盂盌則皿字為之體。皿為飲食之用器。是物也。盂盌亦飲食之用器。故從皿。攷敂則攴字為之體。攴為小擊。是事也。攷敂亦擊也。故從攴。儋何則人字為之體。人是物也。儋何皆以人。故從人。𤺌疾則疒字為之體。疒為人有疾病有所倚箸。𤺌疾亦疾也。故從疒。由此觀之。則轉注字。無論其字有若干。而為其字之體者。必同一事物也。故藼之轉注字有蕿萱。而皆從艸。說文箸為或體。其實即轉注字。咽之轉注字有噲吞嗌而皆從口。是其證也。然亦有變例。如吮欶轉注而吮從口欶從欠。以欠為張口气悟與口有系聯也。但裼轉注而但從人裼從衣。以衣所以覆人與人有系聯也。故轉注字之建類。可以見字形之部分。亦有嚴格之界限。非可漫然附會者也。類既同矣。然艸部之字無不從艸。人部之字無不從人。而艸部人部之字不盡為轉注者。以其僅具建類一條件。有所未備。故江聲以凡某之屬皆從某為轉注。其說不能立也。由是必更須一首。首者。前人以為即許敘所謂其建首也之首。亦即許書敘目之五百四十部。然則與類不殊。建類一首為複舉矣。或以類為聲類。首為部首。固亦有持。然同說六書而以會意比類合誼之類為物類。轉注建類一首之類為聲類。按之造辭者之意。恐不然耳。倫謂首者。聲音之首。即後世所謂字母。章炳麟改稱為紐。亦即言韻者所稱之部。字母者。從其送聲言之。韻部者。從其收聲言之。首乃兼收送而言。轉注字之聲。非泛為附會。必與本字之聲同屬於一紐。或同屬於一部。漢時尚無紐部之名。而許說六書之條文每書兩句。每句四字。上下兩句皆協韻。此以首協受。故曰一首。凡字有送音。有收音。而轉注之字。必其送音或收音與本字之送音或收音為同紐或同部。亦或其送音與本字之收音為同紐或同部。或其收音與本字之送音為同紐或同部。所謂本字者。即同類同音同意之字不止一字。必有最初所造之一字。如考老二字。考從老省。則老字較考字為先造。即為本字。而考為老之轉注字。又如可哥二字。咢從可加聲。則可字較咢字為先造。即為本字。而咢為可之轉注字。雖如藼蘐萱噲吞咽嗌吮欶但裼之類。不易決其孰為先造。而事實上必有一字是最初造之字也。今試舉甲字或稱本字。與乙字即轉注字。送音同紐者。如蓨苗之送音同在透紐。攷敂之送音同在谿紐。咽嗌之送音同在影紐。逯運之送音同在喩紐。穳積之送音同在精紐。癆瘌之送音同在來紐。幎幔幕之送音同在明紐是也。其收音同紐者。如茜蒐之收音同在見紐。筳簟之收音同在泥紐。帬常之收音同在喩紐。椽榱之收音同在端紐是也。其送音同部者。如蹲踞箘簬之送音同在魚部。是也。送音同部。僅有魚部。其例甚多。其收音同部者。如茉萊之收音同在幽部。莖莛之收音同在耕部。咆嗥之收音同在宵部。幡帤之收音同在元部。曩曏之收音同在陽部。踶躛之收音同在脂部。是也。其甲字送音與乙字收音同紐者。如遠逖之同在來紐。㝩宧之同在谿紐。諂諛之同在喻紐。誹誣之同在微紐。是也。其甲字收音與乙字送音同紐者。如罛罜之同在匣紐。夕夜之同在喻紐。精糈之同在來紐。是也。其甲字收音與乙字送音同部者。如蘇荏之同在魚部。是也。其甲字送音與乙字收音同部者。如轂楮之同在魚部。是也。又若吒嘖之為脂真對轉轉注。歭歫之為魚陽對轉轉注。詑謾之為歌元對轉轉注。嚨喉之為東侯對轉轉注。由此觀之。則轉注字之聲與本字之聲。其原必出於一。徒以古今音變。不易究尋。而正紐旁紐正轉旁轉對轉。其條理緐賾。必密察而後可知。然離此而言轉注。棄其本矣。同義相受者。言轉注之字與本字。其音雖緣地而小變。其義則相受而無差。若爾雅釋詁曰。初。哉。首。基。肇。祖。元。胎。俶。落。權輿。始也。

雖通有始義。而實有區別。故戴震段玉裁以訓詁說轉注為謬也。建類一首同意相受三條件完備而後為轉注字。轉注字者。必以乙字對甲字而後明。徒以甲字言。則見其為象形。為指事。為會意。為形聲。而不知其何以為轉注也。如口喙轉注。口為本字。而口則象形也。血衁轉注。血為本字。而血乃指事也。考老轉注。老為本字。而老為會意也。萌芽轉注。萌為本字。萌為民之後起字。而民乃象艸萌之形。故知萌為本字。芽為轉注字。而萌乃形聲也。徒以乙字言。則見其為形聲。而亦不知其何以為轉注。如喙衁考芽。皆形聲字也。轉注字無非形聲者。由此言之。轉注字即形聲字。而必別立轉注之名。且亦與乎造字之列者。以因老而造考。因萌而造芽。因口而造喙。因血而造衁。雖用形聲之法式。而必建類一首。同意相受。具此嚴格之條件。蓋此即轉注字之構造法也。轉注之字。許書中實占十之三四。徒以其形式與形聲無別。前人不察。因生謬說。乃至於象形指事會意之字以外求所謂轉注之字。斯所以愈惑也。別詳拙撰中國文字構造法及拙撰六書解例中。

說文假借之字

許書於假借之字。敘記令長二字以外。若屮下曰。古文以為艸字。㑒下曰。古文以為訓字。𦤎下曰。古文以為澤字。前人舉以為假借字之證。倫按所謂古文者。乃詩書易春秋論語孝經等之古文書之者也。以古文寫詩書易春秋論語孝經者。以屮為艸。以㑒為訓。以𦤎為澤。而屮為艸之初文。實先後字耳。以㑒為訓。乃聲之借。以𦤎為澤。蓋形之譌。諸如此者。非六書之所謂假借也。六書中之假借。乃造字之法。許敘所舉假借條件曰。本無其字。依聲託事。本無其字。明所謂假借字者。即象形指事會意形聲四法所造之字。而别無異乎象形指事會意形聲之假借字。如許舉令長二字為假借字之例證。而令為性命之命本字。令從卪丂相合。荀子不苟篇曰。卪遇謂之命。即說令字。命為令之借字也。令為性命之命本字。古書皆借命為之。命從口令聲。則命令之命也。詳說文六書疏證。長為生長之長字。令以為守令之令長幼之長。故為假借。守令之令長幼之長。並無本字。故曰本無其字。依聲託事。明假借字之聲。即依所假借字之聲。蓋假借字。不但假借彼字之形以為此字之形。亦假借彼字之聲以為此字之聲。獨義則不以彼字之義為此字之義。如守令之令。形聲皆與性令之令同。長幼之長。形聲皆與生長之長同。然義則不同。更於令長之外。舉大西二字為例證。大本古文人字。假借為大小之大。西為棲之本字。而假借為東西之西。形之部分。無待復言。聲之部分。今音大為徒蓋切。西為先稽切。似亦未嘗同也。然此由古今音有變遷。如人在日紐。古讀歸泥。舌音也。大音透紐。亦舌音也。而人大二字之收音。又為脂真對轉。西棲則僅送音少殊。其初造字之時。人大西棲。殆絕無殊。蓋假借字之形。甲乙無擇。聲則必彼此無殊。古讀守令之令。正如性命之令。讀長幼之長。正如生長之長。故必假借性命之令為守令之令。生長之長為長幼之長也。又許書西字下曰。日在西方而鳥棲。故因以為東西之西。鳳下曰。鳳飛羣鳥從以萬數。故以為朋黨字。韋下曰。獸皮之韋。可以束狂戾。相韋背。故借以為皮韋。大字下曰。天大地大人亦大。前人依此每謂假借即引申之義。倫謂西棲鳳朋。義既不同。韋本守衛字。與皮韋義亦絕殊。天人地大人亦大者。辭本老子。此與許書𦔮下曰詞之𦔮矣為詩辭者同。雖許意或以此為釋大。而實不可為據。蓋不明大小之大為假借也。夫引申者。由原而及㳅。假借者。借彼以為此。其本不同。其末亦異。假令假借即是引申。何故必建假借之名。且亦安用本無其字依聲託事之條件為。惟必備本無其字依聲託事之條件。故假借亦為造字方式之一。而與象形指事會意形聲轉注列為六書也。本無其字。謂字形。依聲謂字聲。託事謂字義。假借字必備形聲義三條件。正與轉注字同。

說文以雙聲疊韻字說解

許書說解所以釋明被說解字之意義。猶乎譯異邦之語。使聞之者得明其意。故若示下曰。天垂象見吉凶。所以示人也。藼下曰。令人忘憂艸也。番下曰。獸足謂之番。必下曰。分極也。牝下曰。

畜母也。嗛下曰。口有所銜也。复下曰。行故道也。糾下曰。繩三合也。鞠下曰。攻皮治鼓工也。叉下曰。手指相錯也。餞下曰。送去也。讀者讀其說解。即隨而瞭明其意義。然有以與被說解之字為雙聲疊韻之字而為說解者。如禮下曰。履也。履為足所依者。義與禮遠。而聲與禮為同紐。福下曰。備也。備為慎也。義與福遠。而音與福同出於脣。咅下曰。推也。推為排也。義與咅遠。而音同出於舌。譒下曰。敷也。敷訓為㪅。譒無㪅義。而音同出於脣。譺下曰。騃也。騃為馬行仡仡。與譺義遠。而音同疑紐。⿱頻言下曰。匹也。匹為四丈。疑非本義。但必與⿱頻言義無涉。與⿱頻言義遠。而音同出於脣。疑匹借為諞。訑下曰。慰也。慰訓為安。而訑次證詘之後。詗讀之前。必無安義。訑慰則影紐雙聲也。慰下曰。一曰。恚怒也。此乃慍字義。詩。以慰我心。韓詩慰作慍。可證。慍下曰。怒也。怨下曰。恚也。然則詑下慰也當作愠也。以怨字之義釋詑字矣。鞣下曰。耎也。蓋鞣義同腝。腝下曰。面和也。今通借柔字。而耎訓稍前大也。則義不相近。而音同日紐。書下曰。箸也。箸為飯攲。義殊無涉。而音同出於舌。堅下曰。剛也。剛為彊斷。義幾相反。而音同見紐。敷下曰。布也。布為枲織。義亦殊遠。而音同出於脣。此則徒以雙聲字為說解也。吐下曰。寫也。寫為置物。無歐吐義。而聲同魚類。古下曰。故也。故者。使為之也。古疑是路之初文。義既無涉。即以古今為義。亦與故遠。而音亦同魚類。忻下曰。闓也。闓為張門。義不相涉。而音則脂真對轉。鬬下曰。遇也。遇者。逢也。義亦不同。而音同侯類。田下曰。陳也。陳者。迾也。田為樹穀之處。義殊無涉。而音同真類。堢下曰。保也。保為負戴之負本字。與堢義遠。而音同幽類。嫧下曰。齊也。齊為禾穗上平。義必不類。而音則支脂通轉。訶下曰。

厚也。厚者。山陵之厚也。義亦無涉。而音則之侯通轉。此皆徒以疊韻為說解。蓋由古讀禮如履。今方音中猶有呼履如禮者。證知古讀禮履音殆同。讀福如備。讀春如推。讀譒如敷。譺如騃。⿱頻言如匹。說如慰。柔如耎。書如箸。堅如剛。敷如布。吐如寫。古如故。忻如闓。鬬如遇。田如陳。塌如保。媢如齊。訒如厚。故即以履釋禮。以寫釋吐。雖若以禮釋禮。以吐釋吐。而習俗借履為禮。借寫為吐。則讀者自無不明耳。然後之學者或不悟其故。而以為禮有履義。吐有寫義。浸漸而穿鑿附會之說生矣。荀子禮論篇曰。禮者。履也。即以履行附會於禮。而禮之本義實不然。釋名中猶多此弊。若於許書中求轉注字者。蓋尤當嚴辨於此。

說文以同音假借字說解

許書說解有以同音假借字者。必明其借為某字。而後被說解之字其義始塙。如謔下曰。戲也。戲者。三軍之偏也。然俞先生依國語晉語。少室周為趙簡子右。聞牛談有力。請與之戲。韋注。戲。角力也。謂角力是戲字本義。太平御覽引說文。一曰。相弄也。倫按今本作一曰兵也。戲弄義從角力而引申之。倫按三軍之偏者。蓋麾字義。古書或借戲為麾。漢書項羽高帝紀。諸侯罷戲下。顏注。戲。大將之旌旗也。音許宜反。亦讀曰麾。史記韓信傳。居戲下。徐廣曰。戲。一作麾。莊子說劍篇。令設戲。請夫子。皆戲借為麾之證。音同曉紐也。許書次戲於戰下。則俞先生之說。是也。謔訓戲者。與娭訓戲也同。為嬰之借字。嬰戲音同曉紐也。或謂戲謔亦雙聲為訓。試下曰。用也。用為墉之初文。此用字借為啚啚。讀若庸也。嗢下曰。咽也。咽者。吞嗌之義。嗢次噎下。睨上。是咽也當為噎也。嗢噎影紐雙聲轉注。今訓咽者。咽噎亦影紐雙聲。借咽為嗌也。將下曰。帥也。帥為佩巾。此借為䢦。音同心紐。媚下曰。雅也。雅為楚烏。此借為暇。音同魚類。姘下曰。靜也。靜為采飾。今靜下曰。審也。乃宷也之譌。宷借為彩。詳說文六書疏證。此借為靖。姘次靖下。靖訓竦立。竫訓立竫。故知當作竫也。靜竫聲同耕類。此皆其例證也。

說文雙聲疊韻

許書說解中字與被說解之字為雙聲疊韻者。鄧廷楨劉熙載皆有所述矣。至於漏略。固待彌補。若篆與篆之為雙聲疊韻者。若俾倪儋何頣頷慫慇悄慽滃泱凓瀨撢探姕妓嫪婁坋坒錮鈍盰䀗敃敉謙讓詛詶踶蹛遯逃听唏之類。鄧劉所未詳。

說文聲系

以許書九千三百五十餘文。條理綜合。統以部類。自段玉裁姚文田嚴可均張惠言以說朱駿聲陳澧。陳澧有說文聲統稿本。各有所述。分合雖殊。要皆以許書形聲之字。實居太半。故從其得聲之字。皆繫於其字。而為其字之聲者。則皆象形指事會意之文。聲在字外。乃依天官以立部類。證之典籍以明分合。雖有疏密。大體相近。然倫以為許所著錄。皆漢音也。其讀若某讀與某同者。尤足證漢時之讀某字若某或與某同。故欲條理許書字音。莫若以許證許。如神下曰。天神引出萬物者也。此神引為真類疊韻之證。祕下曰。神也。此神祕為脂真對轉之證。而必從弋得聲。則之脂通矣。喙下曰。口也。此以同為淺喉音轉注也。噣下曰。喙也。喙既訓口。則噣亦口也。噣口為侯類疊韻。噣喙則侯脂通矣。嚴可均據易林蒙之隨訟之乾及詩抑篇韻證脂侯通轉。唇下曰。驚也。此真耕通轉之證。進下曰。登也。此真蒸通轉之證。

故嚴可均說文聲類本孔廣森對轉之說。依前人旁通之論。釽析歸納。皆無虛譔。然據詩書以說易林及許書重文讀若以相證明。而獨未及於說解中字與被說解字之為雙聲疊韻者為疏也。又如孔廣居謂形聲字有以同母諧者。其說致塙。而諸家無所識別。後有作者。或宜分別為系。庶益有條而不紊矣。

說文讀若

許書某字讀若某者。其事至夥。要以塙明當時某字之聲。其故皆可考而知。昔錢繹有作。未之行世。近時葉德輝所為。條理未密。廣東劉生秀生鄦從倫問字。獨勤於此。今依其說。而或陳己見。許言讀若者。諭其書法。或言讀若某。或言讀若某同。或言讀與某同。其實無殊。儀禮燕禮曰。冪用綌若錫。墨子經說下曰。猶白若黑也。莊子天地篇曰。離堅白若縣寓。若皆與之借字。此讀若讀與無殊之證也。其讀若某。必某字與本字之音。同出於一紐。或同出於一類。如鬮從龜得聲。讀若糾。龜糾並在見紐。⿰年阝從年得聲。讀若寧。年寧並在泥紐。庳從卑得聲。讀若逋。卑逋並在邦紐。是其例證。甹從甹省聲。讀若亭。甹亭並在耕類。綹從咎得聲。讀若柳。咎柳並在幽類。讋從龖得聲。讀若慴。龖慴並在談類。是其例證。又如⿰王夒從夒得聲。讀若柔。夒柔並在泥紐幽類。璡從進得聲。讀若津。進津並在精紐真類。此則讀若字與本字既為雙聲。又為疊韻也。又如珏之重文作瑴。從殸得聲。讀與服同。瑴從殸得聲。讀若筦筟。筟從孚得聲。讀若魯公子彄。殸聲彄聲皆喉音侯類。服聲脣音之類。孚聲脣音幽類。則瑴服為之侯旁轉。瑴筟彄為幽侯旁轉。魝讀若鍥。魝音見紐。鍥音谿紐。倫謂魝本從魚聲。魚音疑紐。疑谿最近旁紐通轉也。鬵讀若岑。鬵從兟得聲。兓在精紐。岑在從紐。精從亦旁紐通轉。訄讀若求。訄從九得聲。九在見紐。求在羣紐。古讀羣歸見。則爲同紐。今讀亦見羣旁紐通轉也。是則讀若字之聲。與本字之聲。雖不同類同紐。而可由旁轉以通之。又如狋從示得聲。讀若銀。爲脂真對轉。軵從付得聲。讀若茸。爲東侯對轉。是則讀若字之聲。與本字之聲。雖不同類同紐。而可由對轉以通之。至如𢍏讀若頒。又讀若非。䀠讀若拘。又讀若良士瞿瞿。𥁑讀若灰。一曰若賄。婐讀若騧。或若委。輑讀若帬。又讀若褌。品讀若戢。又讀若呶。雖字有二讀。而頒非同爲脣音。古讀非紐歸幫。則同紐也。拘瞿音同見紐。灰賄之聲。並得於又。騧委聲同歌類。幝帬聲同真類。古讀羣紐歸見。亦同紐也。呶戢於紐有娘照之殊。古讀娘歸泥。讀照歸端。並舌音也。然則讀若之律令。亦以一言蔽之。曰。不離雙聲疊韻而已。然如趫赳相次。趫讀若王子蹻。赳讀若鐈。赳鐈之聲雖通。而小徐本無讀若鐈三字。遰讀若住。住從人豈省聲。而逗從辵豈省聲。適次遰下。故段玉裁以為讀若住當在逗下。以㣇從㕛之古文𢀡省聲。讀若樹。證之則段說未必是。然在嫌疑之閒。當博證而辨明之。

說文古語

許書說解中有古語。若𧼮下曰。𧼮𨼜。輕薄也。爾下曰。麗爾。猶靡麗也。此許以輕薄釋𧼮𨼜。以靡麗釋麗爾。則𧼮𨼜麗爾為古語矣。段玉裁於其說文解字注中多所舉發。程瑛傳雲龍專勤於此。然倫謂許書中。如𥢶下讀若春麥為𥢶之𥢶。春麥為𥢶字應作臿。詯下讀若反目相睞。反目相睞。此是漢語。漢語不待解說而明。𧼮𨼜麗爾是古語。故許以今語說之。此猶當別之也。

說文方言

許書中有明箸方言可以見當時之習語。而明言語之變遷者。如䕷下曰。楚謂之蘺。晉謂之䕷。齊謂之茝。蔆下曰。楚謂之芰。秦謂之薢茩。咺下曰。朝鮮謂兒泣不止曰咺。秦晉謂兒泣不止曰唴。楚謂兒泣不止曰噭咷。宋齊謂兒泣不止曰喑。夃下曰。秦以市買多得為夃。婧下曰。南楚之外謂好曰婧。㛤下曰。今汝南人有所恨曰㛤。蛩下曰。秦謂蟬蜕曰蛩。是其例也。

說文以方言為說解

許書有以方言為說解者。如咺下曰。朝鮮謂兒泣不止曰咺。蹠下曰。楚人謂跳躍曰蹠。鬻下曰。涼州謂鬻為[illegible]。瞯下曰。吳楚謂瞋目顧視曰瞯。𣪠下曰。楚人謂卜問吉凶曰𣪠。膢下曰。益州鄙言人盛諱其肥謂之䑋。脙下曰。齊人謂臞為脙也。劊下曰。楚人謂治魚也。箬下曰。楚謂竹皮曰箬。筲下曰。陳留謂飯帚曰筲。罤下曰。周人謂兄曰罤。夃下曰。秦以市買多得為夃。䅘下曰。齊謂麥為䅘。瘌下曰。楚人謂藥毒曰痛瘌。癆下曰。朝鮮謂藥毒曰癆。𢅅下曰。楚謂無緣衣也。惏下曰。河內之北謂貪曰惏。揜下曰。自關以東謂取曰揜。媦下曰。楚人謂女弟曰媦。圣下曰。汝潁之間謂致力於地曰圣。坥下曰。益州部謂螾場曰坥。圯下曰。東楚謂橋曰圯。是其例也。觀齊人謂臞為脙。則知脙為臞之雙聲轉注字。觀齊謂麥為䅘。則知來為禾麥之麥。麥為來往之來。以來麥收音同出於喉而分淺深。故或讀麥為禾麥之麥。讀來為來往之來。而齊音猶謂麥為䅘。䅘即來之後起字。觀䑋𢅅圯圣諸文。知其字因方俗言語而造。蓋文字之起。固由於方言之需求也。

說文說解以方言為別義

許書說解有以方言證明字義者。如逆下曰。迎也。關東曰逆。譎下曰。權詐也。益梁曰謬欺天下曰譎。聿下曰。所以書也。楚謂之聿。䈰下曰。飯筥也。秦謂筥為䈰。杇下曰。所以塗也。秦謂之杇。是其例也。然有引方言以箸別義者。如逞下曰。通也。楚謂疾行為逞。訏下曰。詭譌也。齊楚謂信曰訏。鬻下曰。鼎實。惟葦及蒲。陳留謂健為鬻。矔下曰。目多精也。益州謂瞋目為矔。瞯下曰。戴目也。江淮之閒謂眂曰瞯。篝下曰。笿也。宋楚謂竹篝牆以居也。倩下曰。人字也。東齊人謂壻為倩也。僖下曰。喜也。自關而西物大小不同謂之僖。獡下曰。犬獡獡不附人也。南楚謂相驚曰獡。倫按盱下曰。一曰。朝鮮謂盧童子曰盱。篇下曰。一曰。關西謂榜曰篇。漊下曰。一曰。汝南謂飲酒習之不醉為漊。媞下曰。一曰。江淮之閒謂母曰媞。以許書大例言之。凡一曰云云為別著一義。遈訏鬻矔瞯篝倩僐獡諸文下所引方言。雖不著一曰。而例同盱篇婁媞。則為別著一義無疑也。

說文語原

文字者。語詞之記錄也。語詞者。聲音自然之感發。語言之進步。則事有專詞。然論其音聲。察其條理。則千條萬緒。必有其本學者求之許書。蓋有可得。如牻下曰。白黑雜毛牛也。哤下曰。雜語也。雜者必亂。故髮亂曰髶。雜者亦必多。故犬之多毛者曰尨。艸盛曰芃。亦曰菶。水多曰氾。盛物多曰豐。今以音類言之。尨牻哤髶同東類。尨牻哤芃菶氾豐同脣音。以造字之法言之。牻哤髶芃菶氾豐七字皆形聲。而尨字為會意。然倫謂尨為會意兼聲。以彭形彤⿰彡尋皆從彡得聲可證也。東侵聲類相近。故尨從彡亦聲。而彭為鼓聲。亦謂擊聲不絕。其別體作鼕。從鼓。隆聲。隆訓豐大。洚為洪水。洪水古書亦作鴻水。厖為石大。其孳乳也。而要由尨之音所嬗變。尨字取音。不取形義。又如奇為踦之初文。從尢。可聲。尢。篆文作尣。⿺尢皮曲脛也。⿺尢皮者一足能立。⿺尢皮奇轉注字。故奇訓一足。而觭為一角俛一角仰。旗之衺曲曰旖。木之衺曲曰椅。曲刀曰剞。偏引曰掎。舉脛有所渡曰徛。跨馬曰騎。奇從可聲。可聲歌類。歌元對轉。故⿺尢皮之別體作跛。跛之轉注字作蹇。𢍏曲曰卷。曲角曰觠。曲手曰拳。又如臤從又臣。臣亦聲。其義為敵人被縛不肯行而牽之。故今訓堅也。臤土為堅。纏絲急為緊。牛狠不從引曰掔。臤之雙聲為吉。故齒堅曰齰。石堅曰硈。堅黑曰黠。締不解曰結。吉骨雙聲。故結之轉注字為縎。締亦結之轉注字。之脂旁轉也。臤艮亦雙聲且疊韻。故不聽從曰很。狠戾曰詪。吠鬭聲曰狠。咼。鸄詞也。故神不福曰禍。咼于同喉音而別深淺。故鸄詞亦為吁。大葉實根駭人為芋。脜。面和也。讀若柔。故革耎曰鞣。和田曰睬。矛肉音同幽類。故木曲直曰柔。又如凡大義之字從軍聲。睴。大目出也。翬。大飛也。喗。大口也。凡舉義之字從曷聲。稭。禾舉出苗也。竭。負舉也。揭。高舉也。舉一反三。所得至多。若章炳麟文始所述。雖或不免於小訾。其大體則思過半矣。

說文一曰

許書說解中有一曰云云者。蓋別存一說也。區而別之。有說形者。有說義者。有說聲者。說形者。如祝下曰。一曰。從兌省。壘下曰。一曰。象形。幷下曰。一曰。从持二為幷。𡈼下曰。一曰。象物出地挺生也。裘下曰。一曰。象形。貞下曰。一曰。鼎省聲。昏下曰。一曰。昬聲。履下曰。一曰。尸聲。熉下曰。一曰。焚省聲。說義者。如祏下曰。一曰。

大夫以石為主。珣下曰。一曰。玉器。藁下曰。一曰。末也。犨下曰。一曰。牛名。堅下曰。一曰。大皃。啻下曰。一曰。啻。諟也。趧下曰。一曰。不行皃。歫下曰。一曰。搶也。一曰。超歫。違下曰。一曰。蹇也。蹩下曰。一曰。跛也。嘂下曰。一曰。大呼也。謚下曰。一曰。無聲。鞥下曰。一曰。龍頭繞者。毅下曰。一曰。有決也。敦下曰。一曰。誰何也。督下曰。一曰。目痛也。翜下曰。一曰。俠也。雡下曰。一曰。雉之暮子為雡。羥下曰。一曰。黑羊。㕯下曰。一曰。理也。肙下曰。一曰。空也。剈下曰。一曰。斷也。一曰。刀不利於瓦石上刉之。㱿下曰。一曰。射具。豈下曰。一曰。欲也。𦎫下曰。一曰。鬻也。橝下曰。一曰。蠶槌。糂下曰。一曰。粒也。突下曰。一曰。滑也。⿸疒馬下曰。一曰。惡气著身也。褕下曰。一曰。直裾謂之襜褕。⿱𡗗見下曰。一曰。直視。魃下曰。一曰。小兒鬼。壼下曰。一曰。山名。驃下曰。一曰。白髦尾也。獫下曰。一曰。黑犬黃頭。⿱土𡗗下曰。一曰。

薪也。靖下曰。一曰。細皃。戀下曰。一曰。極也。一曰。困劣也。溉下曰。一曰。灌注也。摧下曰。一曰。挏也。一曰。折也。婧下曰。一曰。有才也。黴下曰。一曰。三糾繩也。鍦下曰。一曰。瑩鐵也。無慮數百事。蓋由同聲相借。久而失其本字。義無可附。許君因存其義於借字之下。如𧼳下一曰竈上祭名。是其例證。亦有其本字雖存。而相習率用借字。因反昧其有本字者。許亦存其義於借字之下。斯例猶多。如𦤎下一曰大皃。此借𦤎為䁆。䁆訓大目也。蔈下一曰末也。此借蔈為標。標訓木杪末也。違下一曰蹇也。此借違為稦。稦訓特止也。㛍下一曰㛍息也。此借㛍為㾜。㾜訓病息也。婎下一曰醜也。此借婎為倠。倠訓醜面也。侈下一曰奢也。此借侈為奓。奓為奢重文也。滑下一曰浚也。此借滑為浚。音同心紐也。祛下一曰祛褱也。此借祛為裾。裾訓衣袌也。裾祛聲同魚類。是皆其證也。說聲者。如玤下曰。讀若詩瓜瓞菶菶。一曰。若盒蚌。迷下曰。賈侍中說。一曰。讀若柗。又若郅。盍下曰。讀若灰。一曰若賄。腧下曰。讀若俞。一曰若紐。馬下曰。讀若弦。一曰若環。是其例證。一曰或稱或曰。如沂下曰。一曰。沂水出泰山。蓋青州浸。而汾下曰。或曰。出汾陽北山。蓋冀州浸。是或曰即一曰矣。或曰說形者。如劫下曰。或曰。以力止去曰劫。其說義者。如羠下曰。或曰。夷羊百斤為羠。涫下曰。或曰。出酈山西。欭下曰。或曰。惛死而復生曰欭。其說聲者。如玖下曰。讀若芑。或曰。若人句脊之句。蹁下曰。讀若苹。或曰偏。一曰亦稱一說。如澥下曰。一說。即澥谷也。此借澥為嶰。與藳姨諸文下一曰同例。是一說即一曰也。

說文闕文

許書說解中有闕字者卌七。前人以為此許君闕其所不知也。

嚴可均毅然以為凡言闕者。轉寫斷爛。校者加闕字記之。斷非許語。嚴章福洪頤煊亦主張之。以歟為籀文軙字。而今誤為别篆下有闕字證之。則嚴說極塙。

說文引經文以說字

許書引經文以說其字者。無慮數百事。清代吳玉搢柳榮忠陳瑑之流。專勤為之考證者。十餘家。皆可觀也。然所謂經文者。蓋孔子所訂六埶之辭。漢書埶文志敘六埶詩書禮樂易春秋。而論語孝經爾雅史籀篇。皆六埶之附庸。逸周書國語司馬法亦書春秋禮之别裁。以此推之。則如許所引魯郊禮明堂月令。亦禮之支流。顧後世獨以易詩書禮春秋孝經爾雅為經。或入孟子。而史籀國語逸周書司馬法且不得與焉。今姑依近習而出孟子。詳許有以所錄字多出古文傳。引經文僅以證其字之見於某書某書中其字如此者。如眊下曰。虞書耄字如此。絑下曰。虞書丹朱字如此。此雖不引全文。而實以證虞書耄期倦於勤毋若丹朱敖其字作眊若絑也。又如蕢下曰。臾古文蕢。論語曰。有荷臾而過孔氏之門。𢻻下曰。商書曰。毋有作𢻻。蠢下曰。𢧵古文蠢。周書曰。我有𢧵於西土。𠫓下曰。易曰。𠫓如其來如。隸下曰。詩曰。隸天之未陰雨。亯下曰。孝經曰。祭則鬼亯之。凥下曰。孝經曰。仲尼凥。此皆以證易書詩論語孝經中字如此而已。其有引經文以說字形者。如祝下曰。一曰。從兌省。易曰。兌為口為巫。此引易以說明祝字所以從兌省也。葬下曰。易曰。古之葬者。厚衣之以薪。此引易以明葬之所以從茻也。庸下曰。易曰。先庚三日。此引易以明庸之所以從庚也。㓝下曰。易曰。井。法也。此引以明㓝之所以從井也。祝依甲文並不從兌。茻薪亦有別。庸從庚得聲。刑從井得聲。取下曰。周禮。獲者取左耳。此引周禮以明取之所以從耳也。䜌下曰。詩曰。六䜌如絲。此引詩以明䜌之所以從絲也。其有引經以說明字義者。如茁下曰。詩曰。彼茁者葭。以茁為艸初生出地也。蒩下曰。禮曰。封諸侯以土。蒩以白茅。以蒩為茅藉也。謍下曰。詩曰。謍謍青蠅。以謍訓小聲也。癹下曰。春秋傳曰。癹夷蘊崇之。以癹訓以足踏夷艸也。訒下曰。論語曰。其言也訒。以訒訓頓也。頓猶屯也。屯下曰。難也。啞下曰。易曰。笑言啞啞。以啞訓笑也。龤下曰。虞書曰。八音克龤。以龤訓樂和龤也。悠下曰。孝經曰。哭不悠。以悠訓痛也。⿰𠌶生下曰。爾雅曰。⿰𠌶生。華也。此以⿰𠌶生為華榮也。

說文引經文為說解

許書有引經文為說解者。如犓下曰。易曰。犓牛乘馬。按鞁下曰。

車駕具也。鞁犕音同滂紐。蓋古謂駕具其音皆同。屬車屬牛。因事而施。犕當訓駕具也。玉篇犕下曰。服也。許書服下曰。一曰。車右騑。騑下曰。驂旁馬。驂下曰。駕三馬也。駕下曰。馬在軛中。然則服下一曰車右騑。蓋即犕字義。玉篇以服訓犕。此福備也之例耳。犕為駕具。其義至塙。今許僅引易文而字義不具。苟無易文。將何索解。乏之下曰。春秋傳曰。反正為乏。按正訓是也。正是一字。義為射臬。禮所謂畫布曰正也。受矢為正。拒矢為乏。故乏之從反正。當訓拒矢者也。今正義不明。乏之義復闕。雖引經文。亦難索解。如武下曰。楚莊王曰。止戈為武。按止戈為武者。舞之初文。而今人以為偃兵之義。偃兵為武。武字引申之義。亦許能立。然武之本義。正所以為揚威也。今僅引莊王之說。故後世不得明其義耳。楚莊王曰出春秋左傳。若此之類。疑本有其訓。引經以證。而傳寫失之。至於實引經文為說解而不箸其名者。若卙下之詞之卙矣。又一例矣。

説文引經文兼用今文

許書引經用古文。自敘言之。然如春秋亦用公羊傳。規下媦下皆引公羊文。詩亦用韓傳。鬾下所引是也。禮引儀禮皆今文。臧庸汪士鐸詳之。然此皆出自敘所稱書孔氏易孟氏詩毛氏春秋左氏禮周官論語孝經皆古文之外。如份下引論語曰。文質份份。而古文作彬。則份非古文矣。如吝下引易曰。以往吝。遴下引易曰。以往遴。僝下引書曰。旁救僝功。逑下引書曰。旁逑孱功。永下引詩曰。江之永矣。羕下引詩曰。江之羕矣。此韓詩。見文選注引。此皆今古文兼用之證。錢大昕胡秉虔以為師承異讀。蓋未之審。或欲為之彌縫者與。

說文引羣書以說字

許書引羣書之文以說字者。其例一如引經。如祘下曰。逸周書曰。士分民之祘。⿱馬祟下曰。逸周書曰。⿱馬祟疑沮事。依玉篇。今本奪⿱馬祟字。瑮下曰。逸論語曰。玉粲之璱兮。其瑮猛也。菩下曰。楚詞有菩蕭艸。奭下曰。史篇名醜。竣下曰。國語曰。有司已事而竣。⿰言尃下曰。春秋國語曰。⿰言尃本肇末。騛下曰。司馬法曰。飛衛斯輿。悈下曰。司馬法曰。有虞氏悈於中國。鶾下曰。魯郊以丹雞。祝曰。以斯鶾音赤羽。去魯侯之咎。畜下引魯郊禮畜從田從茲。則此亦魯郊禮文。骴下曰。明堂月令曰。掩骼薶骴。僟下曰。明堂月令曰。歲將僟終。盅下曰。老子曰。道盅而用之。⿰未攴下曰。孟子曰。曾西⿰未攴然。滰下曰。孟子曰。孔子去齊。滰淅而行。簞下曰。傳曰。簞食壺漿。鱏下曰。傳曰。伯牙鼓琴而鱏魚出聽。此以證祘⿱馬祟菩僟等字之箸於載籍也。其引羣書之文以證字形者。若八下曰。孝經說曰。上下有八。今本作別。譌。畜下曰。淮南子曰。玄田為畜。易下曰。祕書說。日月為易。義下曰。墨翟書義從弗作羛。其引羣書以證字義者。苢下曰。其實如李。令人宜子。周書所說。牿下曰。周書曰。今惟淫舍牿牛馬。瑩下曰。逸論語曰。如玉之瑩。雗下曰。明堂月令曰。季夏燒雗。舫下曰。明堂月令曰。舫人習水者。犓下曰。春秋國語曰。犓豢幾何。侙下曰。春秋國語曰。於其心侙然。徇下曰。司馬法曰。斬以徇。讀下曰。司馬法曰。師多則人讀。杸下曰。司馬法曰。執羽從杸。顥下曰。楚詞曰。天白顥顥。婞下曰。楚詞曰。鯀婞直。浼下曰。孟子曰。汝安能浼我。婐下曰。孟子曰。舜為天子。二女婐。𩲸下曰。淮南傳曰。吳人鬼。越人𩲸。鼐下曰。韓詩說。鼐。小鼎。氏下曰。楊雄賦曰。響若氏隤。腒下曰。傳曰。堯如腊。舜如腒。其說聲者。如匌下曰。史篇讀與缶同。

說文引羣書文為說解

許書聆下曰。國語曰。回祿信於聆遂。媊下曰。甘氏星經曰。太白上公妻。曰。女媊。女媊居南斗。食厲。天下祭之。曰。明星。倫按此許引國語甘氏星經以為說解。然聆媊之本義疑非此。今不足以證之耳。

說文引通人說

許敘曰。今敘篆文。合以古籀。博采通人。至於小大。信而有徵。倫按自孔子以下。皆所謂通人也。今論許引通人說說字形者。如王下曰。孔子曰。一貫三為王。董仲舒曰。古之造文者。三畫而連其中。謂之王。三者。天地人也。而參通之者。王也。士下曰。孔子曰。推十合一為士。玉篇作推一合十。黍下曰。孔子曰。黍可以為酒。

禾入水也。几下曰。孔子曰。在人下。故詰屈。犬下曰。孔子曰。視犬之字如畫狗也。屮下曰。象屮出形。有枝莖也。尹彤說。今本尹彤說誤在凡屮之屬皆從屮下。芎下曰。司馬相如說。营或從弓。𧂐下曰。司馬相如說。蔆從遴。𧌒下曰。司馬相如說。蠁從𧌒。𨏶下曰。司馬相如說。軨從霝。茤下曰。杜林說。芰從多。怯下曰。杜林說。㹤從心。耿下曰。杜林說。耿光也。從火。聖省聲。妿下曰。杜林說曰。加教於女也。軎下曰。從車。象形。杜林說。公下曰。韓非曰。八厶為公。依宋景文筆記引。厶下曰。韓非曰。自營為厶。尟下曰。從是少。賈侍中說。県下曰。賈侍中說。此斷首到縣字。㣇下曰。譚長說。㣇從犬。叚下曰。譚長說。叚如此。糞下曰。官溥說。似米而非米者。矢字。𥁕下曰。從皿以食囚也。官溥說。東下曰。官溥說。從日在木中。胏下曰。楊雄說。[illegible]從[illegible]。拜下曰。楊雄說。拜從兩手丅。買下曰。孟子曰。登龍斷而网市利。禿下曰。王育曰。蒼頡出。見禿人伏禾中。因以制字。无下曰。王育說。天屈西北為无。匀下曰。逯安說。亡人為匀。黺下曰。衮衣山龍華蟲。黺畫粉也。從黹。從粉省。衛宏說。乎下曰。從丂。從八。八。分也。爰禮說。其引通人說說字義者。如董下曰。杜林曰。藕根。藎下曰。杜林說。艸蓴藎皃。渭下曰。杜林說。夏書以為出鳥鼠山雝州浸也。婪下曰。杜林說。卜者黨相詐驗為婪。芸下曰。淮南子說。芸艸可以死復生。蛧下曰。淮南王說。蛧蜽狀如三歲小兒。赤黑色。赤目。長耳。美髮。蝝下曰。劉歆說。蝝。蚍蜉也。董仲舒說。蝗子也。葽下曰。劉向說。此味苦。苦葽也。嗙下曰。司馬相如說。淮南宋蔡謌舞嗙喻也。䆃下曰。司馬相如說。䆃。一莖六穗。豦下曰。司馬相如說。豦封豕之屬。造下曰。譚長說。造。上士也。踣下曰。賈侍中說。足垢也。檹下曰。賈侍中說。檹即椅木。可作琴。卮下曰。賈侍中說。以為厄裹也。毒下曰。賈侍中說。秦始皇母與嫪毒淫。坐誅。故世罵淫曰嫪毒。陧下曰。賈侍中說。陧。法度也。徐巡說。陧。凶也。班固說。陧。不安也。离下曰。歐陽喬說。离猛獸也。鬩下曰。孟子曰。鄒與魯鬩。膴下曰。楊雄說。鳥腊也。鉼下曰。楊雄以為蒲器。綷下曰。楊雄以為漢律祠宗廟丹書告。鼀下曰。楊雄說。匽鼀。蟲名。典下曰。莊都說。典大冊也。櫨下曰。伊尹曰。果之美者。箕山之東。青鳧之所。有櫨橘焉。夏熟也。秏下曰。伊尹曰。飯之美者。玄山之禾。南海之秏。㑥下曰。呂不韋曰。有侁氏以伊尹㑥女。爝下曰。湯得伊尹。爝以爟火。釁以犧豭。鉊下曰。鎌或謂之鉊。張徹說。昪下曰。黃顥說。廣車陷。楚人為舉之。其引通人說說字聲者。如礱下曰。傅毅讀若慴。貞下曰。一曰。鼎省聲。京房所說。冏下曰。賈侍中說。讀與明同。銛下曰。桑欽讀若鎌。他若栗下曰。孔子曰。栗之為言續也。貉下曰。孔子曰。貉之為言惡也。狗下曰。孔子曰。狗。叩也。叩气吠以守。此亦引孔子說說字義與聲者也。

說文引通人說為說解

許書疊下曰。楊雄說。以為古理官決罪三日。得其宜。乃行之。此乃許不得疊字之義。遂以楊雄說為其義耳。

說文引通人說說同音假借字

許書屮下曰。古文或以為艸字。併下曰。古文以為訓字。此明古文經中以屮為艸。借併為訓。亦有引通人說明之者。如烏下曰。孔子曰。烏盱。呼也。取其助气。故以為烏呼。此謂借烏為呼也。今用烏呼連詞。雙聲也。構下曰。杜林以為椽桷字。此謂借構為桷。音同見紐也。索下曰。杜林說。朮亦朱市字。此謂借朮為市。同脣音也。叟下曰。杜林說。以為貶損之貶。此謂借叟為貶。亦同脣音也。畁下曰。杜林以為麒麟字。此謂借畁為麒也。章敦彝謂畁從廾。甶聲。甶古文其。故杜林以為麒麟字。倫按綥之重文作綦。畁下引春秋傳曰。楚人畁之。今左傳作惎。則章說畁從甶聲。莊述祖已有此說。由為甶譌。可信也。然師酉敦作甶廾。從東楚名缶曰由之甾。甾金文皆作甶也。甶其音同之類。亦得借畁為騏也。

說文引俗語

許書說解中有引俗語以證明字義者。如𦘔下曰。𦘔飾也。俗語以書好為𦘔。殑下曰。棄也。俗書謂死曰大殑。是其例也。又有引俗語以明別義者。如㚔下曰。所以驚人也。一曰。俗語以盜不止為㚔。是其例也。

說文引漢律令

許書有引漢律令者。蓋亦以證其字之所有本。或明其字義而已。如祀下曰。以豚祠司命。漢律曰。祠祀司命。蘱下曰。煎茱萸。漢律。會稽獻蘱一斗。貲下曰。小罰以財自贖也。漢律。民不繇。貲錢二十二。舳下曰。艫也。漢律。名船方長為舳艫。貀下曰。獸無前足。漢律。能捕豺貀。購百錢。湝下曰。所以攡水也。漢律曰。及其門首洒湝。鮚下曰。蚌也。漢律。會稽郡獻鮚醬。威下曰。姑也。漢律曰。婦告威姑。姘下曰。除也。漢律。齊民與妻婢姦曰姘。姅下曰。婦人污也。漢律曰。見姅變不得侍祠。繒下曰。帛也。綷。籒文繒。從宰省。楊雄以為漢律祠宗廟丹書告。絩下曰。綺絲之數也。漢律曰。綺絲數謂之絩。布謂之總。綬組謂之首。縵下曰。繒無文也。漢律曰。賜衣者。縵表白裏。䋈下曰。絆前兩足也。漢令。蠻夷卒有䋈。趆下曰。距也。漢令曰。趆張百人。甈下曰。漢令㽁從瓦厤聲。殊下曰。死也。漢令曰。蠻夷長有罪。當殊之。篳下曰。笥也。漢律令。篳。小筐也。此蓋皆漢中央朝廷律令之文字。若紙下曰。樂浪挈令織從糸從式。其郡縣亦自為令也。

說文引漢令為說解

許書有引漢令為說解者。如襄下曰。漢令。解衣耕謂之襄。然疑非襄字之本義。若張祥齡謂襄從毀己為田畼。則欲明襄之本義。而未晤毀之為篆譌也。

說文書法釋例

許書書法有例。如書象形文。則曰象形。指事則曰指事。或或曰從某象某某。或曰從某象某某之形。會意則曰從某從某。或曰從某某。其兼聲者。則曰從某某。某亦聲。或曰從某某聲。形聲則曰從某。某聲。其大氐也。至於詳為區解。當有專論。湖北丁生致聘專勤其業。所作可觀。

說文作者事蹟

許君事蹟略見後漢書儒林傳。清代嚴可均陶方錡諸可寶各有考訂。陶表為翔實矣。倫按許沖上表曰。臣父故太尉南閤祭酒慎。本從逵受古學。後漢書賈逵傳。章帝八年。詔諸儒各選高才生。受左氏穀梁春秋古文尚書毛詩。皆拜逵弟子及門生為千乘王國郎。朝夕受業黃門署。而許自敘曰。書孔氏。詩毛氏。春秋左氏。正與逵受詔諸經同。然則許君從逵受古學在此時。皆拜逵弟子及門生為王國郎。許君當在其中。且本傳曰。為郡功曹。舉孝廉。再遷。除洨長。然則許君自郡功曹舉孝廉。因至京師。得從賈逵受古學。遂拜王國郎。仍留京師。百官志。王國郎。中二百石。太尉掾史東西曹掾比四百石。餘掾比三百石。漢官儀同。漢官儀。丞相設四科之辟。東京太尉即丞相。弟一曰德行高妙志節清白。第一科補西曹南閤祭酒。百官志。西曹主府史署用。蓋為諸曹首。故有祭酒。是許君以辟第一科而為南閤祭酒。其秩當比四百石。百官志。長秩四百石。則許君又以三府掾史擢能。出為令長。亦漢故事也。許君自舉孝廉。通朝籍。為王國郎中。辟太尉掾。為西曹南閤祭酒。是一遷。出為洨長。是再遷。諸家皆不數王國郎中。則由孝廉至洨長。不得言再遷也。是范書雖略而實詳。諸家欲詳而反略矣。

說文書目

今人丁福保所為目。許書目錄較詳矣。雖亦有所未聞見者。然名家述作皆在。求而讀之。可以知擇取。又丁所為說文詁林。雖失之駁雜。其意在博取。學者明於六書大法。以簡馭緐。則丁書固足資漁獵者也。

說文解字研究法竟

說研